como comer
bien en casa

Pili López

editorial
Zendrera Zariquiey

© 2001, Pili López Izuel
© Dibujos: Quim Serrano

Primera edición: marzo 2002
ISBN: 84-8418-118-9
Depósito legal: B-9813-2002

Producción y distribución:
Editorial Zendrera Zariquiey
Cardenal Vives y Tuto, 59 - 08034 Barcelona
Tel. 93 280 12 34 - E.mail: czendrera@writeme.com

Diseño: Quim Serrano
Maquetación: Barreras & Creixell
Impressión: Industria Gráfica Frape S.L.

Sumario

Introducción

Este libro está dirigido con todo mi cariño a todos los que día a día sienten el placer de hacer una cocina sencilla, mediterránea, tradicional, pero muy casera y hecha con gran sencillez para que los suyos, como los míos, disfruten no de ciertas comidas puntuales, sino del día a día.

Escrito por un ama de casa sin más pretensiones que el compartir mis experiencias al cabo del tiempo, con mucha dedicación y cariñó, para que los míos y los suyos tengan una alimentación buena, equilibrada y sabrosa.

No voy a ponerme a enseñar lo que ya todo el mundo sabe, porque para eso, hay buenos profesionales; yo sólo quiero aportar mi granito de arena que espero sea de su agrado. De todos los platos que he aprendido a través de abuelas, madres, etc. he ido seleccionado lo que realmente he acabado por practicar. Era para mí una gran ilusión compartir lo que yo he estado recopilando. Desde niña fue mi gran ilusión y no he ido a ninguna escuela de cocina, simplemente son cosas hechas y vividas en la familia.

Siempre recuerdo que me mandaron a Francia a casa de mis tíos; yo tenía 12 años y mi objetivo fue con mis ahorros comprarme el que sería mi primer libro de cocina (todavía lo conservo). Tengo una buena colección. Desde entonces, por las noches me relajo en la cama leyendo cada día y repasando mis libros. Pero veo siempre como en cada uno suele repetirse el procedimiento de las recetas. Yo, en mi sencilla cocina, quiero poner las recetas tal como las hago y os aseguro que si las haces con amor no vais a defraudar.

Aparte de las recetas, os pongo en cada una mis *truquillos* para que queden bien y alguno aparte que puedan interesar.

Este recetario era una especie de herencia para mis tres hijas, a las que dedico este libro, pero creo que si puedo compartirlo y alguien puede disfrutarlo es menos egoísta y me llenará de satisfacción.

También debo agradecer mucho al «morro fino» (como yo llamo a mi marido) ya que su exigente paladar me ayudó a superarme, día a día, en mis guisos.

A mi padre, buen médico de pueblo, además de excelente persona, yo le preguntaba cuando mis hijas eran pequeñas: ¿Qué tal un potito de farmacia? ¿No será más completo? Él me contestaba: El caldito o platito guisado con el cariño de una madre no tiene rival.

Pili López

SOPAS

• Sopa sencilla de pescado

INGREDIENTES Y PREPARACIÓN

Poner 1 litro de agua a cocer durante 10 minutos con pescados de roca (yo aconsejo bien variado: una rata, escórpora, una araña, unos cangrejitos y un trozo de cabeza de rape).

Colar el caldo, echar pan seco a trozos y cuando está cocido (5 minutos) triturar con la batidora.

Aparte, hacer un sofrito con una cebolla mediana y 3 o 4 tomates. Freír lentamente, añadir una cucharadita de pimentón picante, ajo y perejil picado. Cuando esté hecho, añadir a la sopa y dejar cocer un rato.

Triturar y servir.

• Sopa de cangrejos

INGREDIENTES Y PREPARACIÓN

Freír una cebolla grande en juliana, tomate, pimienta, sal, ajo perejil, una hojita de laurel y un pelín de nuez moscada (una puntita). Dejar dorar el sofrito y refinar.

Poner en una olla a hervir $\frac{1}{2}$ litro de agua, $\frac{1}{2}$ litro de vino blanco y el sofrito.

Añadir a la olla la merluza y unos cangrejos. Hervir hasta que este cocido el pescado.

Retirar la merluza y machacar los cangrejos y se deja cocer un rato más.

Cortar trocitos de pan tostado y echar al caldo una vez colado.

La merluza se sirve aparte, con mayonesa.

Sopa de almejas con arroz y patatitas

INGREDIENTES

1/2 kg de almejas, 1 cabeza de pescado, 2 patatas, $\frac{1}{2}$ tacita de arroz.

PREPARACIÓN

Se pone a cocer 1 litro de agua con las almejas (si se quiere alguna cabeza de pescado).

Se cuela y se echan las patatas a cuadraditos y el arroz.

Cocer durante 15 o 20 minutos.

Sopa de rape

En una sartén se fríe la cebolla, cortada en juliana, y se retira.

En el mismo aceite freír ajos, perejil y una punta de tomate pelado, una rebanadita de pan, 3 hebras de azafrán y 8 avellanas tostadas y peladas. Después poner en el mortero y hacer una picada.

Preparar un caldo con rape, merluza, cigalas y almejas, patatas a rodajas y una ramita de hinojo fresco.

Cocer 20 minutos y sazonar.

Pelar los crustáceos y limpiar de espinas y pieles el pescado.

En una cazuela de barro de 15 cm de diámetro y 5 cm de altura, poner 4 rebanaditas de pan tostado bien untado de ajo. Diluir la picada con el caldo y ponerla en la cazuela. Finalmente, añadir la cebolla y el hinojo.

Aromatícese con tres gotas de Chartrause verde.

Poner al horno 3 minutos.

Servir bien caliente. Se debe comer con cuchara de palo.

Sencilla Bullabesa de Perpiñán

INGREDIENTES

1 kg de pescado de roca, 2 cebollas grandes, 1 puerro, 2 tomates, 1 diente de ajo, azafrán, perejil, tomillo, laurel, sal y pimienta, 2 litros de caldo de pescado, pan.

PREPARACIÓN

Preparar los pescados, cortar en trozos los grandes y los pequeños enteros; separar los de carne dura.

Cortar las cebollas finas y la parte blanca del puerro. Pelar y quitar las pepitas de los tomates; pelar y cortar los ajos.

Poner a hervir el caldo de pescado.

Poner las verduras en la cazuela con aceite, salpicar de azafrán, añadir el pescado fuerte, echar el caldo de pescado, sal y pimienta y hervir a fuego vivo 8 minutos.

Echar el pescado blando y cocer 5 minutos. Poner pan frito en los platos y echar el caldo.

Sopa de ajo

INGREDIENTES Y PREPARACIÓN

Poner en un cazo un poco de aceite con 6 dientes de ajo y dar unas vueltas, pero sin que se doren.

Añadir $\frac{1}{2}$ litro de agua en el cazo en que se han frito los ajos y salar.

Poner a cocer, echar pan cortado fino (a gusto, pues hay a quien le gusta más o menos espeso). Batir bien o triturar.

Tener en un plato un huevo batido y echarlo en la sopa un poco antes de apartarla del fuego.

Sopa de menta

INGREDIENTES Y PREPARACIÓN

El mismo procedimiento que la anterior receta, pero en vez de ajos, echar unas ramitas de menta.

Potaje de puerros

INGREDIENTES

500 g de guisantes, 5 puerros, 3 cebollas, 1 ramita de apio, 60 g de mantequilla, 250 g de nata líquida, 250 g de miga de pan, sal y pimienta.

PREPARACIÓN

Pelar y lavar los puerros y partirlos en trocitos. También las cebollas y el apio.

Calentar la mantequilla y echar las verduras, cocer a fuego lento. Cuando ya están transparentes añadir los guisantes y echar 2 litros de agua. Dejar cocer.

Triturar y pasar por el chino.

Mezclar la crema de leche y cocer ½ hora.

Cortar el pan a cuadraditos, freírlos y doraditos echarlos en la sopa en el momento de servir.

• Sopa de entreverado

INGREDIENTES

1 jarrete de cerdo, 5 zanahorias, 2 nabos, 3 patatas grandes, tomillo, apio y perejil, 1 manojo de puerros, 1 col pequeñita blanca, 2 cebollas grandes, 1 tazón de judías secas.

PREPARACIÓN

Poner en remojo la víspera las judías en agua tibia.

Cocer las judías durante 1 hora. Reservar.

Limpiar las verduras y cortar a trocitos.

Poner a cocer ½ litro de agua con sal, con las verduras y la carne a fuego vivo, unos 10 minutos, luego más flojo durante 2 horas (en una olla exprés es la mitad).

Una hora antes de acabar añadir las patatas enteras, que estarán cocidas al vapor previamente.

Probar y mezclar todo con las judías.

• Consomé de ave

INGREDIENTES Y PREPARACIÓN

Poner a cocer en 1 $\frac{1}{2}$ litro de agua, $\frac{1}{2}$ kg de pechuga de gallina, menudillos, sal, apio, 2 puerros, 2 nabos, 2 zanahorias y unas hebras de azafrán.

En una taza de caldo desleir 3 yemas de huevo bien batidas y poner al baño maría en un molde untado de mantequilla.

Cuando se haya enfriado, cortar a cuadraditos y se pone en la sopera con cuadraditos de pan frito y los menudillos de la gallina fritos.

Desengrasar y pasar el caldo por el tamiz bien fino. Servir caliente en la sopera.

• Sopa de (tirabecs) bisaltos

INGREDIENTES Y PREPARACIÓN

Poner 1 litro de agua a cocer con $\frac{1}{2}$ kg de bisaltos.

Cuando están cocidos se sacan y en el caldo se echa un chorrito de aceite y patatas a cuadraditos o pan a rodajitas.

Los bisaltos ser sirven aparte con un chorrito de aceite.

Se comen estirando del hilo.

PATATAS

• Patatas con bechamel

INGREDIENTES Y PREPARACIÓN

Se calcula más o menos 2 patatas gorditas por persona, puesto que al freírlas quedan en nada.

Se pelan y se lavan las patatas, se cortan muy finas como para tortilla de patata.

Se fríen y se dejan escurrir.

Poner un trozo de mantequilla en una sartén, freír unos trozitos de jamón y apartarlos, dorar cebolla rallada (pequeña), añadir una cucharada rasa de harina, cocer un poco más y echar $\frac{1}{2}$ litro de leche. La bechamel debe estar bien cocida, pero no espesa (puede echarse unas laminitas de trufa). Cocer lentamente un buen rato.

Colocar las patatas ya escurridas en una fuente. Echar por encima, cubriéndolas, la bechamel.

Gratinar un poco (opcional un poco de queso rallado).

Éste era mi plato preferido de pequeña, cuando tenía que escoger, por mi santo o cumpleaños. Sigue siendo mi preferido.

• Patatas con callos

INGREDIENTES

Pata y morro, ½ kg de patatas redonditas (unas 10 o 12 por persona), 1 cebolla, 1 cucharada de tomate frito, 4 o 5 tomates maduros, 3 dientes de ajo, 1 ramita de perejil, 10 almendras y 5 ramitas de azafrán para la picada.

PREPARACIÓN

Se pelan las patatas, se lavan y se hacen redonditas si no se tienen pequeñitas.

La pata y morro se tienen ya bien cocidos, en la olla 1 hora con agua abundante, sal y una hojita de laurel. Se escurre y se reserva el caldo.

Las patatitas enteras se doran en aceite y se reservan. En este aceite se fríe la cebolla bien picada, se añade el tomate y una vez cocido el sofrito, se pone la picada de ajo y perejil.

Se hace una picada con las almendras y el azafrán. Se pone en una cazuela de barro las patatas y la pata y el morro (pasada un poco por aceite caliente). Se añade el caldo que cubra las patatas y los callos, se echa la picada de almendras y azafrán y se cuece.

Muy buenas las hacía la abuela de mi marido, con la que aprendí mucho.

• Patatas
con entreverado salado

INGREDIENTES Y PREPARACIÓN

2 patatas por persona, 1 cebolla, 100 g de entreverado, pimienta y sal.

Se pelan, se lavan y se cortan las patatas en láminas finas, con el grosor de un duro.

Se pone en la olla una capa de patatas, una de cebolla, sal y pimienta y entreverado, así sucesivamente.

Se echa un vaso de agua mezclada con vino blanco y se cuece hasta que esten tiernas.

• Patatas importantes

(así las llamaba mi abuela)

INGREDIENTES

1 huevo, aceite, 2 patatas por persona, harina para rebozar, ajo, perejil y de 15 a 20 almendras peladas.

PREPARACIÓN

Se cortan las patatas en láminas o rodajitas, no muy gruesas,.

Se rebozan una a una con harina y luego huevo batido.

Se frien y se colocan en una cazuela.

Se hace una picada de ajos y almendras y se echa encima de las patatas. Añadir un vaso de agua (según cantidad de patatas).

Dejar cocer hasta que estén bien tiernas.

• Patatas con sepia

INGREDIENTES

1 sepia grande, 10 o 12 patatitas pequeñas (redonditas y peladas), 1 cebolla, 3 dientes de ajo y perejil, 2 cucharadas de tomate frito, 1 chorrito de vino blanco.

PREPARACIÓN

La sepia sin pelar (queda más tierna), y sin quitarle la salsa marrón que tiene, se corta a trocitos.

Poner en la olla un buen chorro de aceite, la sepia, la cebolla picada, tomate, ajo y perejil picado, patatitas y el vino blanco.

Tapar y cocer lentamente hasta que esté bien cocido.

Este guiso se hace igual sustituyendo las patatitas por dos paquetitos de guisantes congelados de buena calidad.

• Patatas con congrio

(4 personas)

INGREDIENTES

4 rodajas de congrio, 8 gambas peladas, 6 patatas, 2 cucharadas de tomate frito, 1 cebolla mediana, 2 dientes de ajo, 3 hebras de azafrán, 8 almejas tostadas peladas y 1 ramita de perejil.

PREPARACIÓN

Poner aceite en la olla exprés y la cebolla cortadita. Freír hasta que quede bien blandita, echar un diente de ajo en láminas y luego añadir 8 gambitas, remover hasta que esté bien frito.

Pasarlo por el chino. Si hace falta, para que salga todo el jugo añadir en el chino un poco de caldo. Poner el jugo que sale en la olla otra vez, echar el tomate, las patatas y el congrio.

Mientras tanto, hacer una picada con el azafrán, ajo, perejil y almendras y echarlo a la olla. Añadir caldo (tienen que quedar casi cubiertas).

Echar la sal y cocer 10 minutos.

Patatas con bacalao

INGREDIENTES

2 trocitos de bacalao desalado por persona, 2 patatas por persona, 1 pimiento rojo, 1 cebolla, 2 cucharadas de tomate, 3 dientes de ajo, perejil, aceite. Para la picada: ajo, perejil y 5 almendras.

PREPARACIÓN

Se pone en la olla todo en frío; patatas a trocitos, el bacalao, aceite, cebolla picada, tomate y pimiento a trozos.

Echar agua hasta que casi cubra las patatas. Hacer la picada con el ajo, perejil y almendras y echarla.

Cocer unos 20 minutos (opcional 1 guindilla)

Este guiso se puede hacer y es buenísimo con raya (clavellada) en vez de bacalao.

Patatas en salsa verde

INGREDIENTES

2 patatas por persona, 1 cebolla, 8 o 10 dientes de ajo, abundante perejil.

PREPARACIÓN

Se cortan las patatas como para hacerlas fritas, un poco larguitas.

Se fríe cebolla en aceite, luego se echan las patatas y se les da unas vueltas hasta que estén doraditas, añadir la picada de ajos y perejil, un vaso de agua y la sal.

Cocer en la olla unos 10 minutos.

Muy económicas y buenas.

Patatas en vinagreta

INGREDIENTES

2 patatas por persona, 2 huevos duros, 6 dientes de ajo, abundante perejil, pimienta, aceite.

PREPARACIÓN

Se cuecen las patatas sin pelar con sal; cuando están cocidas se dejan enfriar y se pelan.

Partirlas en rodajas (como duros). Colocar en una fuente.

Hacer una buena picada con los ajos, perejil, un chorro de aceite y un chorrito de vinagre. Mezclarlo bien y rociar las patatas.

Rallar los huevos duros y espolvorear por encima.

En verano son agradables.

• Patatas con butifarra de perol

INGREDIENTES Y PREPARACIÓN

Cortar las patatas finas como para tortilla de patata.

Freír en la sartén sin que monten unas con otras.

Picar ajo y espolvorear por encima.

Meter en el horno y cuando estén doradas y tiernas escurrir de aceite y echar la butifarra deshecha por encima.

Poner al fuego dándoles unas vueltas para que la butifarra suelte la grasa. Servir.

• Patatas rellenas

INGREDIENTES Y PREPARACIÓN

Éstas patatas se pueden rellenar de butifarra de perol o picante y también de una mezcla de pasta de carne como para canelones con bechamel.

Se parten las patatas (como duros), se les da unas vueltas en la sartén con aceite y se dejan escurrir y enfriar.

Coger de dos en dos y hacer bocaditos rellenándolos de butifarra o de carne de canelones.

Hechos los bocaditos, rebozarlos de uno en uno con clara de huevo batida y freír.

Poner papel de cocina y colocarlas encima.

• Patatas de mi suegra con Maggi

INGREDIENTES

2 patatas por persona, 4 cubitos de Maggi disueltos en agua caliente (por cada persona).

PREPARACIÓN

Se parten las patatas en rodajas finas.

Se ponen en una fuente para cocer al horno y se echa por encima el Maggi con agua, que las cubra.

Dejar al horno ½ hora.

Puré de patata de la abuelita

INGREDIENTES

2 patatas por persona, 2 dientes de ajo, 1 loncha de entreverado.

PREPARACIÓN

Cocer las patatas con sal y pasarlas por el pasapuré pero que no queden muy espesas, si es preciso, añadir un poco del caldo de cocerlas.

Poner aceite en la sartén, freír los ajos y el entreverado a trocitos pequeños (taquitos) y echar en el puré.

Cortar unas rebanaditas de pan (de un día o dos días antes) a cuadraditos, freírlos y ponerlos en un platito para echárselos al puré.

• Pastel de patata

INGREDIENTES

2 patatas por persona, 2 huevos, 1 cebolla, 3 tomates rallados, carne picada o jamón picado o atún.

PREPARACIÓN

Cocer las patatas y hacer un puré espeso (echando un poquito de mantequilla y un poco de leche).

Hacer un sofrito de cebolla rallada fina, tomate y, como guste más, añadir atún o carne picada.

Mezclar el sofrito con el puré, más una yema.

Hacer una mayonesa (para que quede más esponjosa mezclarla con las claras de huevo a punto de nieve). Formar con el puré como si fuera una tarta. Cubrir de mayonesa.

Adornar si se quiere con aceitunas, huevo duro y pimiento rojo en lata.

Se come frío en verano (queda muy bonito).

• Patatas con guisantes

INGREDIENTES

2 patatas por persona, 2 cajitas de guisantes, 2 lonchas de entreverado o jamón, 1 cebolla mediana, 2 dientes de ajo, perejil.

PREPARACIÓN

Se pelan y se parten las patatas a cuadraditos.

Si los guisantes son frescos, yo añado la piel quitándoles uno por uno la película que llevan en el interior; así grano y vaina son muy buenos. Los congelados son también estupendos, aunque no puede ponerse la vaina.

En una olla exprés, poner aceite y cebolla picada y freír, a fuego lento, hasta que la cebolla empiece a dorarse.

Añadir el jamón a cuadraditos o entreverado, ajo, perejil picados y a los pocos minutos los guisantes.

Poner un vaso de agua y cocer durante 10 minutos, hasta que estén blandos.

• Patatas fritas

INGREDIENTES Y PREPARACIÓN

Las patatas fritas con salsa de tomate al que se le añade una picada de ajo y perejil, están muy buenas.

A mi padre le encantaban.

• Puré de patatas a las salsas

INGREDIENTES Y PREPARACIÓN

Se cuecen las patatas y se pasan por el pasapuré.

Se añade mantequilla, un poco de leche, sal y pimienta, mezclándolo bien.

Se cubre de salsa de tomate bien cocida y encima mayonesa.

Acompañar con huevo duro.

• Patatas rellenas

INGREDIENTES Y PREPARACIÓN

Se prepara la carne picada con ajo, perejil, un chorrito de leche y pan rallado.

Se les hace a las patatas un agujero, con la cuchara de hacer bolitas, y se rellenan de la carne picada.

En una sartén, se fríen unas cebollas con un poco de aceite y cuando estén doraditas se retira la cebolla y se reserva el aceite.

Rebozar las patatas rellenas con harina y freír en el aceite donde se ha frito la cebolla.

Se ponen en una cazuela las patatas, la cebolla doradita, 10 a 15 almendras picadas, el aceite de freír las patatas y un vaso de agua.

Cocer hasta que estén tiernas.

• Patatas con punta de pecho de cordero

INGREDIENTES Y PREPARACIÓN

Pelar, lavar y cortas las patatas a cuadraditos.

Poner aceite en la olla y freír la carne cortada a trocitos hasta que se dore.

Echar las patatitas hasta que se doren bien, añadir cebolla picada, ajo y perejil y un poco de agua.

Cocerlas hasta que estén tiernas.

Gratinado de patatas

INGREDIENTES

1 kg de patatas (mejor rojas), 1 litro de leche, 1 dl de crema de leche espesa, sal y pimienta.

PREPARACIÓN

Lavar las patatas con la piel. Cortar en rodajas bien finas.

Poner a hervir la leche y echar las patatas.

Sacarlas cuando están aún un poco duras. Vigilar bien. Extenderlas en un trapo.

Poner en la bandeja de horno, en capas finas, añadiendo sal y pimienta y cubrir con la crema fresca de leche.

Meter la fuente en el horno a temperatura fuerte y cocer muy poco.

El secreto está en que la piel esté tostadita y las patatas tiernas por dentro.

• Bocaditos de patatas rebozados

INGREDIENTES Y PREPARACIÓN

Cortar las patatas en láminas bien finas.

Hacer un relleno con pollo picado y un poco de bechamel o carne picada mezclada con butifarra picante y un poco de bechamel.

Tanto si es el pollo como si es la carne, debe estar ya asado al igual, que la butifarra.

Se hacen los bocaditos con dos láminas y se rellenan de la pasta de carne.

Rebozar de huevo batido y pan rallado. Freír.

Algunos consejos

El puré queda mucho más fino si se le añade una cuchara-da de mayonesa y un poco de queso.

VERDURAS Y LEGUMBRES

• Alcachofas guisadas

INGREDIENTES Y PREPARACIÓN

Limpiar y pelar las alcachofas, que quede solo la parte tierna. Partirlas en rodajitas, salar y rebozar de una en una en harina y huevo batido. Freírlas.

En una cazuela, poner el aceite de freír las alcachofas, echar un trozo de jamón a taquitos pequeños y freír. Añadir una picada de cebolla, dorar, después agregar ajo y perejil, las alcachofas y un chorro de agua. Cocer.

Son buenísimas y también sirven para acompañar una ternera asada u otra clase de carne.

• Alcachofas con patatas

INGREDIENTES Y PREPARACIÓN

Pelar y limpiar las alcachofas dejando la parte tierna. Ponerlas en agua con un chorro de limón para que no queden negras.

Entretanto, poner en una cazuela aceite, trocitos de jamón y abundante cebolla cortada en juliana, que quede cocida, añadir perejil, un poco de tomillo y laurel y 3 dientes de ajo a láminas. Cuando está todo bien frito, colocar las alcachofas y en medio unas patatitas larguitas (como para fritas). Añadir 3 cucharadas de vinagre de vino y un vaso de agua. Cocer lentamente.

• Alcachofas al horno

INGREDIENTES Y PREPARACIÓN

Se limpian y se cortan las alcachofas; mientras tanto se meten en el horno unas patatas redondas bien pequeñas, que se han dorado en manteca de cerdo. A los 20 minutos se añaden las alcachofas rellenas de jamón (un poco graso, a trocitos), ajo y perejil picado y por encima la manteca de freír.

Asar hasta que quede todo bien cocido.

• Habas a la catalana

INGREDIENTES Y PREPARACIÓN

Pelar habas bien tiernas.

Poner en la cazuela aceite, cebolla tierna bien picada, ajos tiernos, una ramita de menta, un trocito de laurel, costilla de cerdo a trocitos (yo la suelo tener confitada; más adelante explico la receta, así es más gustosa), freír un poco y echar las habas. Tapar la cazuela.

Cocer lentamente y al cabo de un rato echar butifarra negra a trozos.

Acabar de cocer, y para que no se peguen, en vez de tapar la cazuela puedes poner un plato hondo con agua.

• Cocción de las habas con piel

INGREDIENTES Y PREPARACIÓN

Las habas con piel sólo se cocerán si se echan a puñados, o sea, cuando hierve el agua echar un puñado. Esperar. Cuando hierve otra vez, echar otro puñado y así sucesivamente.

• Berenjenas al horno

Abuela

INGREDIENTES Y PREPARACIÓN

Se pelan las berenjenas y se parten a lo largo, bien finas.

Se fríen en aceite, se doran y se escurren.

En un plato hondo mezclar salsa de tomate frito, ajo y perejil con un poquito de aceite.

Poner las berenjenas en una fuente del horno. Echar la salsa por encima, poner la fuente en el horno y cuando están a medio hacer echar por encima miga de pan (de varios días) y sacar.

Son buenísimas.

• Berenjenas rebozadas

INGREDIENTES Y PREPARACIÓN

Pelar y cortar las berenjenas a lo largo, bien finas. Sazonar.

Hacer una pasta con agua y harina echando una puntita de levadura Royal, mezclar bien y rebozar las berenjenas en la masa.

Freír y escurrir.

• Berenjenas rellenas

INGREDIENTES Y PREPARACIÓN

Yo, en vez de fritas, que absorben demasiado aceite, las pongo escalivadas.

Partir por la mitad, vaciar y rellenar con pasta de canelones, mezclada con la pulpa que se saca de la berenjena.

Poner un poco de bechamel y un poco de queso rallado por encima.

Meterlas en el horno a gratinar.

Berenjenas con bechamel

INGREDIENTES Y PREPARACIÓN

Pelar y partir las berenjenas. Freírlas.

Poner en una fuente pequeña una capa de berenjenas, otra de salsa de tomate frito, otra de berenjena y cubrir de salsa bechamel.

Poner al horno a gratinar.

Coliflor de Pili

INGREDIENTES Y PREPARACIÓN

Cocer la coliflor.

Freir un poco de jamón.

Hacer una bechamel, y añadirle el jamón.

Echarla por encima de la coliflor y esparcir un poco de queso rallado.

Gratinar durante 5 minutos en el horno.

Espinacas

INGREDIENTES Y PREPARACIÓN

Poner en la sartén un poco de aceite y echar las espinacas, primero sacan mucho jugo, que dejaremos consumir; cuando se va consumiendo darles unas vueltas para que se frían un poco.

Estas espinacas acompañadas de patatas fritas son muy buenas. También sirven para hacer tortilla de espinacas.

Espinacas a la crema

INGREDIENTES Y PREPARACIÓN

Lavar bien, cortar y cocer las espinacas. Hacer una bechamel y mezclarla con las espinacas.

Ponerlo en una cazuela de barro, con un poco de queso, al horno a gratinar.

Acompañar con rebanaditas de pan frito.

Pisto de calabacín

Pelar y cortar patatas como para tortilla de patata bien fina. Freír y escurrir.

Cortar cebolla en juliana y hacer lo mismo; también puede freírse todo junto.

Cortar el calabacín, lavado y sin pelar, bien fino. Freír y escurrir, mezclarlo todo.

Batir un huevo y echarlo. Removerlo. Apartar.

Menestra de verduras

INGREDIENTES Y PREPARACIÓN

Pelar, cortar y salar las patatas a cuadraditos y freírlas. Cocer una coliflor pequeña y un paquete de guisantes. Escurrir. Pelar y cortar en rodajitas 3 alcachofas, freírlas y apartar.

Poner en una fuente las patatitas, mezclar las verduras cocidas y las alcachofas. Si tenéis espárragos verdes fritos también podéis añadirlos a trocitos.

En el aceite de freír poner 2 lonchas de jamón a cuadraditos, freír y bien crujiente echar por encima de la menestra. Servir.

Podéis acompañar con huevos duros a cuartos.

Alcachofas ligeras

INGREDIENTES Y PREPARACIÓN

Se limpian, se cortan y se les hace una cruz por debajo.

Se ponen en una sartén vieja, se les echa dentro aceite, sal y pimienta.

Se tapan y al cabo de poco se les da la vuelta y otra vez lo mismo, hasta que estén cocidas.

Fesolets de lata

INGREDIENTES Y PREPARACIÓN

Se escurren y se prepara una vinagreta con menta picada y se dejan macerar un rato.

Servir frío.

Pastel de cebolla

(6 u 8 personas)
Receta de Maria de Malgrat

INGREDIENTES

PARA LA MASA: 1 kg de harina, 400 g de mantequilla, 2 huevos, sal, 1 vaso de agua.

PARA EL RELLENO: 1 kg cebolla, 200 g de nata líquida, 2 huevos, jamón, queso gruyère rallado.

PREPARACIÓN

Por el mismo orden de composición se mezclan todos los ingredientes, hasta obtener una masa. Se pone en el molde y se deja dorar en el horno.

Freír con un poco de mantequilla 1 kg de cebollas en rodajas. Una vez sofritas se escurren bien y se mezclan con 200 g de nata líquida y la clara de dos huevos batidas.

Antes de colocar la mezcla en el molde se le añade unos taquitos de jamón o beicon. Se le añade queso gruyère rallado y se pone en la parte baja del horno, durante 20 minutos, hasta que esté gratinado.

• Pimientos del piquillo con brandada de bacalao

INGREDIENTES

400 g de bacalao, 2 dientes de ajo, 150 g de aceite de oliva, 100 dl de leche, sal y pimienta.

PREPARACIÓN

Al bacalao se le da un hervor de 15 minutos y se deja reposar. Pelar, sacar las espinas y desmenuzar. En una cazuela, a fuego lento, se pone el bacalao y se le va echando un chorrito de leche y uno de aceite como una mayonesa, poco a poco; se bate con el minipimer y se rectifica de sal y pimienta.

INGREDIENTES PARA LA SALSA

1 cebolla grande, 1 pimiento rojo, 1 berenjena, 1 calabacín, 3 dientes de ajo, 150 g de tomates maduros, 100 ml de nata líquida, pimientos del piquillo, sal y un poco de azúcar, aceite y mantequilla.

PREPARACIÓN

Se llenan los pimientos no muy llenos y se colocan en cazuela de barro. En un cazo se pone aceite y mantequilla. Las verduras se cortan a dados gruesos, se fríen, se añaden los ajos y se cuece bien hecho. Se tritura y se añade la nata líquida Poner encima de los pimientos. Cocer durante 5 minutos.

Piquillos con marisco

INGREDIENTES

Pimientos del piquillo, 1 latita de patas de cangrejo, gambas, 1 cebolla, ketchup, crema de leche, maizena.

PREPARACIÓN

Se mezclan las patitas de cangrejo con unas gambas peladas, picadas y fritas.

Se pone a freír cebolla picada bien fina, ½ pimiento del piquillo picadito, se le añade salsa ketchup y luego crema de leche; si no está espeso se le añade un poco de maizena.

Se rellenan los piquillos con la carne de cangrejo y gamba mezclada con crema de leche. Se colocan en una cazuela con la salsa espesita por encima.

Tomate provenzal

INGREDIENTES Y PREPARACIÓN

Cortar tomates bien maduros pequeños, a poder ser casi del mismo tamaño, por la mitad.

En un platito mezclar pan rallado, ajo, perejil, sal y aceite; poner esta mezcla encima de los tomates; añadir un chorrito de aceite y meter en el horno. Cocer hasta que estén dorados.

Sirven para acompañar diferentes platos.

Judías guisadas

INGREDIENTES Y PREPARACIÓN

Una vez cocidas las judías secas guardar el caldo de cocerlas.

Hacer un sofrito: aceite, cebolla, tomate, ajo y perejil, trocitos de costellón o butifarra picante.

Echar las judías, dar unas vueltas y añadir el caldo de cocerlas. Hervir 10 minutos.

Lo mismo con garbanzos o lentejas.

• Garbanzos con mayonesa

INGREDIENTES Y PREPARACIÓN

Poner los garbanzos la víspera en remojo, en agua que lleve una cucharadita de bicarbonato. Cocer y escurrir.

Hacer una mayonesa con ajo y servir de acompañamiento.

• Garbanzos en salsa

INGREDIENTES Y PREPARACIÓN

Cocer los garbanzos. Una vez cocidos reservar el caldo y ponerlos en una cazuela con una picada de cebolla.

En un mortero, chafar ajo y perejil, unos cuantos garbanzos cocidos y una yema de huevo duro. Mezclar con un poco caldo de cocerlos y echar en la cazuela.

Cocer un poco todo, añadiéndo otra pequeña cantidad del caldo de cocer los garbanzos.

Acompañar de huevo duro, la clara a trocitos.

• Garbanzos a la catalana

INGREDIENTES Y PREPARACIÓN

Poner los garbanzos la víspera en remojo con una cucharadita de bicarbonato.

Al día siguiente poner a cocer con la mitad de agua de remojarlos y añadir agua de botella (o mejor de lluvia). Cocer 1 $\frac{1}{2}$ hora, dependiendo de la clase.

Freír la cebolla picadita con un poco de sal y añadir ajos picados, luego perejil picado y 3 o 4 tomates pelados pequeños.

Sofreír, echar una punta de cuchara de harina y freírla un poco. Añadir los garbanzos y su propio caldo.

Luego echar una picada de sal, 3 ramitas de azafrán tostado, 2 dientes de ajo, perejil y 5 o 6 almendras.

Poner trocitos de huevo duro por encima.

• Lentejas en salsa

INGREDIENTES

PARA 500 g de lentejas: 1 cucharadita de pimentón, 1 cucharada de harina, 4 rebanadas de pan, 2 dientes de ajo, laurel, perejil, sal y pimienta.

PREPARACIÓN

Se ponen a cocer las lentejas, bien cubiertas de agua, con una hojita de laurel, añadiendo agua fría si lo necesitan.

Poner en una sartén el aceite, freír el ajo y una rebanada de pan. Sacarlos cuando estén dorados. Echar cebolla fina picada y cuando está dorada añadir una cucharada de harina y una pequeña de pimentón, apartar y echar en las lentejas.

Machacar en el mortero el ajo y el pan. Desleír con un poco de caldo y echar en las lentejas. Sazonar y cocer hasta que estén tiernas y espesitas.

Alioli sin huevo

INGREDIENTES Y PREPARACIÓN

Se pela una cabeza de ajos, se les quita el corazón de dentro y se trituran con sal.

Poner 3 cucharadas de agua y una de vinagre, todo caliente. Echar el aceite que se quiera.

Pasar por la batidora a la velocidad mínima.

Es fácil y rápido de hacer.

Aceitunas
a la madrileña

INGREDIENTES

1 kg de aceitunas negras, $\frac{1}{2}$ kg de cebollas, aceite, vinagre, sal, pimentón, orégano molido y ajo machacado.

PREPARACIÓN

Lavamos en agua fresca las aceitunas y las secamos cuidadosamente.

Las colocamos en un cuenco y les añadimos el equivalente a su cuarta parte de cebolletas tiernas y limpias, cortadas en rodajas finas.

Añadir aceite, pimentón, vinagre, sal (a gusto), orégano molido y ajos machacados. Mezclar bien.

Dejar reposar 1 hora antes de servir.

Coca de mi pueblo

INGREDIENTES

Se pide masa de pan en la panadería.
Pimiento, tomate troceado, sal, harina y aceite.

PREPARACIÓN

Laminar la masa de pan de 5 cm de espesor.

Colocar sobre una lata aceitada, formando una especie de bolsa ocupando toda la lata.

Colocar el pimiento troceado (un manto), el tomate troceado encima del pimiento y espolvorear de sal. Aliñar con aceite de oliva. Espolvorear de harina.

Hornear a fuego moderado, 180 °C, en la parte alta del horno.

Algunos consejos

Si queréis que os queden bien cocidas las judías secas en la olla exprés, poner agua fría abundante, echar las judías y cuando hierven unos minutos se escurren. Poner abundante agua nueva de botella, echar las judías y una cebolla a trozos, sal y cocer lentamente, durante $\frac{1}{2}$ hora.

Si se cuecen las judías sin olla exprés, poner en remojo la víspera. Si el agua es dura echar un poco de bicarbonato. Cambiar el agua y poner sal y con el agua fría echarlas. Poner a hervir y cuando empiece la ebullición echar un chorro de agua fría. Cocer 1 $\frac{1}{2}$ hora.

Las judías pequeñitas secas ya cocidas son buenas salteadas con entreverado ibérico. En una paella saltear trocitos de entreverado con aceite. Cuando empiece a dorarse añadir las judías cocidas, mezclando con una cuchara de madera durante 2 minutos al fuego.

También se saltean con butifarras de perol deshechas. Pelar la butifarra y deshacerla, echar los trocitos en una sartén con aceite (poco), tapar y que se haga poco a poco hasta que se ablande y se deshaga la butifarra. Cuando está bien deshecha se echan las judías y se mezclan con cuchara de madera, al fuego, durante 2 minutos.

Las verduras normales cocidas las escurro y luego frío en aceite unos ajos chafados con piel, Cuando hierven lo echo encima de la verdura. En mi casa siempre las comíamos así, son mucho más buenas.

Cuando se trata de col, entonces frío trocitos de entreverado y ajos.

Las judías verdes son también muy buenas hervidas, escurridas y cubiertas con salsa de tomate que contenga ajo picado.

Las judías verdes son más tiernas si se las pone en remojo con una corteza de limón.

Las espinacas pierden menos vitaminas y son más gustosas si en vez de hervirlas se lavan bien lavadas, echándoles sal y frotándolas como si se lavara una prenda de ropa. Sacan un jugo verde y quedan más reducidas, lavar un poco y escurrir bien.

Para que los pimientos queden más buenos, freírlos con un tomate natural a trozos (procurar que no se queme el tomate).

PASTAS Y ARROCES

Truco para Arroces

Para hacer cualquier arroz como paella, arroz negro, arroz de pescado, arrossejat, como antiguamente, de bacalao... siempre algo que le da más sabor y que no cuesta mucho hacerlo es poner aceite en la olla que voy a hacer el caldo o fumet. En este aceite, pongo cebolla, tomate, ajos, puerro, laurel, apio y zanahoria a trozos; se fríe bien. Luego se echan las cabezas de pescado o pescados, se les da unas vueltas, para que se doren un poco y se echa el agua para el fumet. Si se hace con carne lo mismo quedará un caldo de base para muchos platos.

Arroz mixto *(como antiguamente)*

INGREDIENTES Y PREPARACIÓN

Se pone aceite en la sartén y se echan trocitos de costilla de tocino. Dorar bien (si es confitada mejor) y apartar.

En el mismo aceite se fríen unos trocitos de jamón con algo de grasa, resevar.

En este aceite se echa una berenjena a cuadraditos y un pimiento a trocitos hasta que se doren y queden blanditos.

Añadir 3 o 4 cucharadas de tomate y cocer el sofrito lentamente; si se tiene grasa de freír butifarras o salsa de algún pollo guisado se añade, pues el arroz gana mucho.

Añadir una sepia mediana con piel (sin tinta) a trocitos y unas 12 gambas medianas, una picada de ajo y perejil, con unas hebras de azafrán tostado. Dar unas vueltas al sofrito.

Finalmente echar el arroz (1 tacita por persona), removiendo con el sofrito y añadir el *fumet* (caldo de pescado), doble cantidad de caldo que arroz.

Cocer unos 20 minutos.

• Arroz brasileño

INGREDIENTES Y PREPARACIÓN

Para hacer un arroz cubano, con huevo frito y salsa de tomate, en vez de hervirlo simplemente probarlo de esta forma:

Poner en la cazuela un chorrito de aceite, echar unos dientes de ajo pelados, una guindillita y trocitos de jamón.

Poner una tacita de arroz por persona y dar unas cuantas vueltas.

Añadir 2 tacitas de agua por cada una de arroz.

Hervir 10 minutos, retirar del fuego y tapar la cazuela con periódicos. Cocer bien tapado 10 minutos más.

Destapar y servir.

Tiene la ventaja de que no se pasa y es más sabroso que hervido.

Si sobra arroz, se puede hacer una ensalada, añadiéndole cebolla, tomate, olivas, lechuga, manzana, atún, etc., todo cortadito a cuadraditos y con mayonesa.

• Arrossejat

(4 personas)

INGREDIENTES

400 g de arroz, 3 cucharadas de aceite de oliva, 16 almejas, aceite de oliva, sal y pimienta al gusto, 12 cucharadas de salsa, 1 cebolla, 1 tomate maduro y unos cangrejos.

PREPARACIÓN

Preparar un sofrito de cebolla, tomate, ajos y cangrejos (todo frito por separado, menos los ajos y la cebolla que se fríen juntos).

Cuando está todo frito, lo juntamos y freímos durante ½ hora.

Apartar del fuego, pasarlo todo por el chino y con esta salsa preparamos el arroz.

Poner un chorro de aceite de oliva en la paellera y cuando el aceite esté caliente, pasar el arroz para que se tueste un poco la harina que lleva.

Seguidamente añadir el *fumet* de pescado que se prepara previamente. Por persona aproximadamente: 200 ml de *fumet* por 100 g de arroz, 4 almejas, dos cucharadas soperas de salsa (previamente hecha), poner sal, y cocer hasta que empiece a hervir, entonces retirarlo del fuego

Introducir la paellera en el horno, precalentado a 250 °C, durante 15 minutos y sacar.

Arroz negro
(4 personas)

INGREDIENTES

1 $\frac{1}{2}$ l de *fumet* de pescado, 1 cebolla grande de Figueras, 1 pimiento verde, 1 sepia de 1 kg con la piel y la tinta, 24 almejas, sal y pimienta.

PREPARACIÓN

Hacer un sofrito de cebolla, pimiento verde y una cucharada sopera de tomate; cuando está todo bien tostado, mezclar la sepia fresca troceada y previamente congelada, para que sea tierna. Ir añadiendo un poco de *fumet* de pescado, para que la sepia y el sofrito no se peguen, hasta que la sepia esté tierna.

Verter el *fumet* hirviendo y el arroz en el sofrito. Echar la tinta (que se habrá apartado) cuando empiece a hervir. Dejar cocer 15 minutos.

Añadir unas 6 almejas por persona, echarle un chorrito de alioli ahogado, cocer 5 minutos más, echar la sal y al servir espolvorear con pimienta negra.

• Arroz con bacalao

INGREDIENTES Y PREPARACIÓN

Poner el bacalao desalado, deshecho en hilos gruesos (si no está desalado, desalarlo un ratito antes, poniendo los hilos en remojo y cambiando el agua 2 o 3 veces).

Poner aceite en la paella y freír el bacalao. Poner pimiento fino en tiras finas y berenjena pelada en cuadraditos y freír. Luego añadir una cucharada de tomate cocido por persona, ajo y perejil picado.

Echar una tacita de arroz por persona y freírlo. Añadir ½ cucharadita de pimentón (picante o dulce según gusto, yo prefiero picante).

Añadir caldo o agua, el doble que de arroz.

Cocer 10 minutos rápido y luego más lento.

• Arroz Cíngara

INGREDIENTES

Arroz, ½ cebolla, 1 cabeza de ajos, berenjena, tortilla, colas de gambas peladas, almejas de lata, páprika.

PREPARACIÓN

Sofreir en una cazuela con aceite ½ cebolla, 1 cabeza de ajos, y añadir un punto de páprika (sin quemar). Cocer hasta que empiece a dorarse.

Añadir el arroz (1 tacita por persona), y luego el caldo (justo el doble); arrancar el hervor a fuego vivo y meter en el horno 20 minuros.

Cuando el arroz se retira del horno, se sacan los ajos y la cebolla

Añadir el resto de los ingredientes, fritos previamente por separado: tortilla, berenjena, gambitas, todo cortado a trocitos y las almejas.

• Canelones

INGREDIENTES

1 trozo de mejilla (*galta*) de ternera, 1 filete (solomillo) de cerdo, 1 higadito de pollo, 2 cajas de canelones.

PREPARACIÓN

Cocer la pasta en abundante agua con un trocito de mantequilla y sal. Echar las láminas de una en una, no más de 8 o 10 cada vez y procurar que no se peguen una con otra.

Poner un paño limpio en el mármol, escurrir los canelones y colocarlos en el paño.

Asar la carne en una cazuela en el fuego o en el horno, con un chorro de aceite, una cebolla, un tomate y unos ajos con piel. Dorar bien. Cuando ya está casi dorado echar el higadito de pollo, dorarlo y sacar del horno.

Luego añadir leche que casi cubra la carne y poner al fuego tapado. Cocer poco a poco, hasta que se consuma la leche.

Hacer una bechamel clarita con cebolla picada, jamón y unas láminas de trufa bien cocida, poco a poco.

Triturar la carne (yo prefiero con maquinilla, como antes). Añadir un poco de bechamel, que quede una pasta fina.

Rellenar los canelones y poner en la fuente de horno un poco de bechamel. Colocar los canelones y echar el resto de la bechamel, cubriendolos. Poner queso rallado y unos trocitos de mantequilla por encima.

Meter en el horno y gratinar. Son muy buenos así.

Canelones de marisco

Para hacer estos canelones, hago la pasta de la siguiente manera:

Se forma un hoyo con 400 g de harina y se agrega $\frac{1}{2}$ l de agua, 5 g de sal y un huevo.

Se trabaja la masa añadiendo harina poco a poco, hasta que la masa quede dura.

Estirarla bien fina, cortar y cocer en agua hirviendo durante 7 minutos. Cuanto más fina sea la masa mejor.

Cocer en $\frac{1}{2}$ vaso de vino blanco y $\frac{1}{2}$ de agua, $\frac{1}{2}$ de cangrejos y $\frac{1}{2}$ de cabezas de gambas, todo junto durante 10 minutos. Pasar por el chino.

Poner mantequilla en la sartén y añadir una cucharada de harina rasa, dorar. Añadir el jugo que sale del chino, 200 ml de crema de leche y $\frac{1}{2}$ trufa. Triturar las colas de gambitas y echarlas en la bechamel. Espesar y enfriar. Rellenar los canelones.

Cubrir los canelones con una bechamel muy fina hecha de la siguiente manera: la mitad del caldo de los cangrejos, 100 ml de crema de leche y una cucharada de tomate frito.

• Fideuá de Manolo

INGREDIENTES Y PREPARACIÓN

Para hacer el *fumet*, poner aceite en una cazuela y echar puerro, cebolla, tomate, laurel, apio y zanahoria troceados (1 pieza de cada verdura sería la cantidad para 2 personas). Cuando todo esto está cocido (bien frito lentamente) se saca.

En el mismo aceite se fríen las cabezas de gambas ($\frac{1}{2}$ kg para 2 personas) y la piel. Se reservan las colas.

Luego se añade agua y todo lo anterior se echa también. Poner pescados de roca o cabezas de pescado para *fumet*, cangrejo, etc...

Hacer un sofrito en una sartén con bastante cebolla que quede bien dorada, añadir un poco de agua y sofreir hasta que quede muy oscura. Añadir el tomate.

Freír en la paellera, los ajos y el perejil picado con las colas de gambas peladas y $\frac{1}{2}$ de almejas. Retirar.

Echar los fideos (250 g para 5 personas) en aceite, que queden bien dorados (fideos cabello de ángel), añadir 2 cucharadas de sofrito por persona, los ajos, perejil, gambas y almejas, luego echar el caldo del *fumet*.

Cocer. Poner en el horno.

Servir con alioli.

• Fideuá maño
(5 personas)

INGREDIENTES Y PREPARACIÓN

Hacer un *fumet*.

Poner aceite en la paellera y freír 6 dientes de ajo y 2 o 3 guindillas.

Echar los fideos (250 g de fideos de cabello de ángel) y dorarlos, hasta que queden de color marrón.

Añadir el caldo de *fumet* de pescado.

Cocer durante 7 minutos.

• Macarrones

INGREDIENTES

1 paquete de 250 g (4 personas), 2 butifarras picantes, 1 cebolla grande, 4 o 5 tomates maduros.

PREPARACIÓN

Cocer los macarrones en abundante agua y sal, escurrir y echar un chorro de agua fría para que no se peguen.

Freir las butifarras en la sartén poquito a poquito, tapadas y con un chorrito de agua y aceite (yo las pongo en el horno sólo con un chorrito de aceite).

Hacer un sofrito con abundante cebolla rallada, echar el tomate y cocer bien.

Añadir las butifarras picadas, más la grasa de freírlas, mezclar con los macarrones y darles unas vueltas con el sofrito.

Poner en una fuente de horno, echar queso rallado por encima y gratinar.

Deben quedar más bien secos.

Se puede hacer con atún en vez de butifarras.

Fideos a la cazuela

INGREDIENTES Y PREPARACIÓN

Poner aceite en la cazuela, rehogar una cebolla rallada y dorarla, añadir 4 o 5 tomates maduros rallados, freír bien, añadir un poco de ajo y perejil picado.

Aparte freír un poco de costilla de cerdo a trocitos (mejor confitada, bien doradita) y también se pueden poner trocitos de pollo (menudos) o butifarra picante a trocitos.

Echar caldo y cuando hierva añadir los fideos finos partidos a trocitos.

Cocer y salar.

• Espaguetis con gambas, tallarinas o almejas

INGREDIENTES Y PREPARACIÓN

Hervir las cabezas y pieles de las colas de las gambas en abundante agua y sal. Colar y reservar el caldo.

En este caldo cocer los espaguetis, escurrirlos y lavarlos.

Poner aceite en una cazuela de barro y freír las colas de las gambas, con un par de guindillas. Dorar y echar los espaguetis.

Lo mismo se puede hacer con tallarinas o almejas. Cocerlas durante 3 minutos, sacarlas y hacer la pasta en este caldo. Cuando esté a punto, escurrir.

Poner aceite en la cazuela, sacar las almejas o tallarinas de la cáscara y freír con un par de guindillas; luego añadir los espaguetis y darle unas vueltas.

CARNES, AVES Y HUEVOS

Espalda de cordero rellena

INGREDIENTES Y PREPARACIÓN

Pedir en la carnicería la espaldita de cordero deshuesada.

Hacer una tortilla plana con trocitos de jamón.

Poner la espalda plana y la tortilla encima con trocitos de pimiento rojo y olivas sin hueso a trocitos. Enrollar como un canelón. Atarla y poner un poco de sal (no mucha pues las olivas dejan sal).

Poner en una cazuela con un chorro de aceite de oliva, una cabeza de ajos, una cebollita y un tomatito.

Cocer en horno fuerte $\frac{1}{2}$ hora más o menos y añadir un chorrito de coñac casi al final.

Quitar el hilo y cortar. Acompañar con patatitas fritas.

• Albóndigas con cebolla

INGREDIENTES Y PREPARACIÓN

Hacer picar 250 g de carne de cerdo y 250 g de ternera.

Mezclar y echar sal, un huevo, ajo y perejil picado (si en vez de pan rallado se echa un chorrito de aceite quedan más finas).

Preparar las albóndigas, pasarlos por harina y freírlas.

En el aceite que queda, poner abundante cebolla cortada fina y dejar cocer, luego echarle 1 ½ cucharadita de harina y dorar un poco.

Añadir ½ vaso de agua y ½ de vino blanco.

Echar las albóndigas, cocer hasta que queden sin agua, sólo grasita.

• Ternera asada de la abuela

INGREDIENTES Y PREPARACIÓN

Se prepara una «*llata*» (redondo) de ternera de esta forma: entera, mecharla metiendo en el agujero ajo pasado por sal a trozos y algún trocito de entreverado, así de vez en cuando un agujero, más o menos 5 o 6 y se ata.

En una cazuela que pueda taparse para ir al horno se pone un poco de manteca de cerdo y un chorro de aceite, mojando bien la ternera. Se dora a fuego vivo.

Luego se introduce en la cazuela una cabeza de ajos, una cebolla pequeña y un tomate pequeño y maduro. Dorar bien, pero es muy importante que la carne quede de un color dorado muy suave, clarita (yo creo que éste era el secreto por el que le quedaba tan buena a la abuela). Cuando está en este punto se le añade un chorro de agua y entonces se tapa la cazuela.

Dejar cocer hasta que se reduzca a la mitad. Entonces echar un chorrito de coñac, dejar 5 minutos y retirar del fuego.

Sacar la carne y dejarla enfriar, reservando el jugo.

Para cortarla en trozos finos, es mejor que esté casi fría. Colocar los trozos en la salsa, cocer 10 minutos y servir acompañada de patatitas fritas a cuadraditos a las que se les echa una picada de ajo y perejil al acabar de freírlas, dándoles dos vueltas con la picada para que tomen gusto.

Si sobra carne o simplemente se prefiere platillo, se hace de la siguiente forma: en la salsa se echa una cucharadita de tomate cocido y una puntita de harina. Cocer un poco y añadir caldo o agua caliente. Echar la carne. Aparte, freír alcachofas, berenjena o setas, y añadirlas a la salsa a medio cocer, muy lentamente. Agregar una picada (2 hilitos de azafrán tostado, 2 almendras, 2 avellanas y 1 ajo). Echar en la cazuela.

Lo importante del platillo es que debe cocer haciendo *chup-chup* —que decía la abuela— muy lentamente y mucho rato, 1 hora más o menos.

Si no se tiene ternera asada, puede hacerse, con trocitos de pollo, pollo asado mezclado con ternera, solomillo de cerdo, etc. Si no se tienen carnes asadas, se asan en el fuego, tapadas, a trocitos, para no estar tanto tiempo. Luego se sigue el mismo procedimiento, aunque ganan asadas en el horno.

Ternera a la jardinera

INGREDIENTES Y PREPARACIÓN

Se toma un trozo de ternera, mejor si es solomillo, «llata», etc. que sea tierna. Se le pone sal y se deja en una cazuela en adobo, con un chorro de jerez (y si se quiere un poquito de nuez moscada rallada), una cebolla cortada a trozos a cada lado, dos o tres tomates maduros pequeños, un chorro de aceite por encima y un chorrito de limón.

Se deja un par de horas y luego se introduce en el horno.

Una vez cocido, se saca, se pasa la salsa por el tamiz y se vierte por encima de la ternera.

Las verduras (zanahoria, guisantes, etc.) se hierven, se saltean con mantequilla y se doran. Todo junto que haga un hervor.

Estofado de ternera

INGREDIENTES Y PREPARACIÓN

Se cortan bolitas de patatas pequeñas, se fríen doraditas y se reservan.

Cortar la ternera a trocitos y freír. Una vez dorada, retirar.

En el mismo aceite, freír la cebolla cortada fina y el tomate.

Añadir un trocito de chocolate negro rallado, un chorrito de anís (muy poco), agua o caldo y una puntita de laurel.

Incorporar a la cebolla, la carne y las patatas. Cocer lentamente.

Carbonada de ternera

INGREDIENTES Y PREPARACIÓN

Se rebozan los bistecs, pasándolos por harina y se fríen.

Aparte, se fríe abundante cebolla.

Introducir en el horno la carne y la cebolla, durante 15 minutos.

Luego se le añade un vaso de cerveza y se deja cocer 15 minutos más.

• Gulash de ternera

INGREDIENTES

Falda de ternera o cuello, cortada a trocitos, vino tinot, harina, manteca, pimentón picante, 2 o 3 cebollas, tomate frito.

PREPARACIÓN

Poner en la cazuela la manteca y la cebolla trinchada y sofreir hasta que quede blandita.

Añadir la carne enharinada y dejar cocer, cuando haya soltado el jugo, verter vino tinto, hasta cubrirla.

El vino debe reducirse y luego se le añade pimentón picante (páprika), 3 cucharadas de tomate cocido y se deja cocer; si hace falta se le añade caldo o agua.

Debe quedar bien picante, si no añadir más pimentón picante.

Cocer 2 horas lentamente.

Ternasco de Maella

INGREDIENTES Y PREPARACIÓN

Se ponen las espalditas con sal la víspera, dejándolas toda la noche.

Poner en maceración con aceite que las cubra y unas cortezas de jamón, ajos, laurel y pimienta en grano.

Se calienta en una cazuela de barro el aceite de la maceración y cuando está bien caliente se echa el ternasco. Cuando está dorado echar un chorrito de coñac.

Cocer ½ hora.

Ternera o lomo con leche

INGREDIENTES Y PREPARACIÓN

Se parte la carne en filetes y se ponen en remojo con leche, luego se escurren y reserva la leche.

Los filetes se rebozan con pan rallado, ajo y perejil. Se fríen y se reservan.

En el mismo aceite se fríe cebolla cortada fina,

Poner la carne, la cebolla y la leche del remojo en la olla exprés.

Cocer durante 10 minutos.

Cordero asado

INGREDIENTES Y PREPARACIÓN

Sazonar una espaldita pequeña de cordero, ponerla en cazuela de barro con manteca de cerdo o aceite, 1 cebollita, 1 cabeza de ajos y tomate.

Cocer en el horno fuerte. Cuando esté dorada y cocida echar un chorrito de coñac, dejar 5 minutos más y sacar.

En total cocer 1 hora.

Se puede acompañar de patatitas redonditas, peladas y fritas.

Espalda de cordero al estilo de Sepúlveda

INGREDIENTES Y PREPARACIÓN

En Sepúlveda la he comido buenísima. La dueña del restaurante me enseñó cómo la preparaban.

Se coloca la espalda, la parte de abajo arriba y se sala sólo por ese lado.

Luego poner en una cazuela de barro que no toque el fondo (cóncava) y echar un chorrito de agua en el fondo. Cocer $\frac{1}{2}$ hora.

Cuando está dorada se unta con un pincel por encima, con una mezcla de ajo machacado, aceite y guindilla, se le da otra vuelta y se deja 45 minutos más, hasta que esté bien cocida y dorada.

Al final poner en el horno a 250 °C unos minutos.

Cordero con patatitas

Preparar un trozo de cordero, por ejemplo una punta de pecho, a trocitos.

Freírlo en aceite y dejarlo bien doradito. Añadir cebolla partida fina, ajo, perejil, un chorrito de vino blanco y patatas (cortadas a cuadraditos).

Cocer 10 minutos en la olla exprés.

Pollo a la crema

INGREDIENTES Y PREPARACIÓN

Se corta el pollo a octavos, se pone en una cazuela con 1 tacita de aceite y 2 cucharadas de mantequilla, 1 cebolla, 1 tomate, un poco de apio, 1 puerro, 1 zanahoria, sal y pimienta blanca, todo en frío.

Meter en el horno hasta que esté dorado. Sacarlo de la cazuela y pasar la salsa por el chino.

Quemar un poco de azúcar, 1 $\frac{1}{2}$ cucharada de limón y $\frac{1}{2}$ vaso de coñac. Luego se mezcla con la salsa y se añade $\frac{1}{2}$ litro de crema de leche, si es grande, y si es pequeño $\frac{1}{4}$ litro.

Al final, saltear champiñones en mantequilla, que se añadirán al pollo y dar un último hervor.

• Pollo al ajillo

INGREDIENTES Y PREPARACIÓN

Cortar el pollo en trocitos y poner la noche anterior en adobo, con un chorro de limón, aceite, ajo bien picado, sal y pimienta.

Luego freírlo en una sartén y pomerlo en una cazuela de barro.

Freír unos cuantos ajos picados finos y echarlos al pollo.

Verter un chorro de coñac y al horno que cueza.

Pollo al cava

100 g de carne picada magra mezclada con unos piñones y trufas.

Se saca el esqueleto del pollo. Se hace una breza (cebolla, ajos, tomate, tomillo, laurel y zanahoria). Se rellena el pollo con la carne y se ata.

Se cuece en la cazuela sin dorar mucho. Echar un chorro de cava, un chorrito de Curaçao y la breza.

Cuando ya está todo cocido, se pasa por el chino la salsa y se le añade un poco de crema de leche.

Mezclar el pollo con la salsa.

Saltear en mantequilla unos champiñones y añadirlos para acompañar.

• Pollo al champán

INGREDIENTES Y PREPARACIÓN

Cortar a trocitos un pollo deshuesado, salar y enharinar.

Freírlo lentamente, añadiendo un poco de agua o vino blanco para que quede bien cocido; luego sólo puede cocer $\frac{1}{2}$ hora.

Freír unos champiñones en mantequilla.

Poner en el aceite de freír el pollo unos trocitos de jamón, el pollo, los champiñones y una trufa a láminas, luego añadir una botellita de champán pequeña (pitelo) y $\frac{1}{2}$ vaso de crema de leche.

Hervir sólo $\frac{1}{2}$ hora (más podría cortarse la salsa). Es muy bueno.

• Pollo con olivas verdes

INGREDIENTES Y PREPARACIÓN

Cortar el pollo a trocitos y dorarlo en aceite.

Añadir unos cuadraditos de jamón, 3 dientes de ajo picaditos, perejil y 1 chorrito de coñac, luego las olivas por la mitad, sin hueso (un paquete).

Cocer en la olla exprés $\frac{1}{2}$ hora.

• Pollo en frío Exprés

INGREDIENTES Y PREPARACIÓN

Poner en la olla aceite, 1 cebolla a trocitos, 2 tomates, 1 pimiento, ajos y perejil picados y un vasito de vino blanco, un chorrito de limón, sal y el pollo a trocitos, todo en frío.

Cocer 20 minutos en la olla exprés.

• Pollo asado a la antigua

INGREDIENTES Y PREPARACIÓN

Salar un pollo de payés, cortado en trozos, y ponerlo en una cazuela con manteca de cerdo. Dorarlo, y luego echar un buen chorro de vino blanco y agua.

En una sartén dorar una cebolla a gajos, un tomate también a gajos, un pimiento pequeño a trocitos, unos dientes de ajo, un trocito de laurel y un poquito de tomillo.

Cuando está bien hecho, ponerlo con el pollo y dejar cocer todo muy lentamente. Si es preciso, añadir agua de vez en cuando pues debe cocer 1 hora como mínimo, que quede sólo un jugo, sin agua.

Acompañar de arroz pilaf (blanco con cebollita).

• Croquetas de pollo

INGREDIENTES Y PREPARACIÓN

Una pechuga de gallina o de pollo (si os sobra un trozo de pollo asado mejor).

Picar bien la carne (con jamón también quedan buenas). Se pone mantequilla en la sartén, 2 o 3 cucharadas según la cantidad, y se ponen unos trocitos de jamón que yo luego retiro (sólo que dé gusto). También añado, si tengo, el jugo de asar la carne o butifarra picante ya que quedan más sabrosas. Cocer una cebolla rallada y luego una cucharadita de tomate frito. Echar 2 cucharadas colmadas de harina y con el fuego muy bajo cocer un poco, sin parar de remover. Añadir 2 vasos de leche y una pizca de nuez moscada rallada más 2 o 3 láminas de trufa. Cuando empieza a espesar, añadir la carne, jamón, pescado o lo que se tenga triturado. Probar de sal y echar un poco de pimienta negra. Cocer hasta que se despegue de la sartén. Poner la pasta en una fuente hasta que se enfríe. Con un tenedor ir haciendo las croquetas, pasarlas por huevo batido y pan rallado (o maseta de harina y agua espesita). Freír con abundante aceite, sólo un poco doraditas, que queden todas del mismo color.

Muchas veces hago las croquetas para aprovechar la carne asada o cocida (pues también se puede hacer con gallina que se pone en el caldo o pescado que sobra de la sopa, etc.).

• Pollo con hierbas

INGREDIENTES

1 pollo de 1 kg o 1 $\frac{1}{2}$ kg, cortado en trozos pequeños, $\frac{1}{2}$ cucharada de romero picado, $\frac{1}{2}$ cucharada de perejil picado, $\frac{1}{2}$ cucharada de tomillo picado, $\frac{1}{2}$ cucharada de orégano picado, $\frac{1}{2}$ cucharada de albahaca picada, 2 cucharadas de vinagre, 2 cucharadas de agua, 1 copita de vino blanco.

PREPARACIÓN

Se coloca el pollo troceado en la bandeja del horno y se sazona con sal y pimienta al gusto.

Seguidamente, en un cazo se ponen todas las hierbas, el aceite, el vinagre, el agua y el vino; se mezcla todo bien y se vierte sobre el pollo.

Meter en el horno durante 40 o 45 minutos a una temperatura de 190 °C y remover 2 o 3 veces durante el tiempo de cocción.

Conejo o pato con naranja

(5 personas)

INGREDIENTES

1 conejo o pato, 20 g de mantequilla, 20 g de grasa de ternera o cerdo, 30 g de harina, $\frac{1}{2}$ litro de vino blanco, $\frac{1}{2}$ litro de agua, 4 naranjas, sal, pimienta y perejil.

PREPARACIÓN

Cortar el pato a trozos y dorarlo en la mantequilla, mezclando con la grasa. Cuando esté dorado retirarlo.

Poner la harina en la salsa y remover. Dejar dorar y echar de un golpe la mezcla fría de vino y agua. Hacer hervir sin parar de dar vueltas. Volver a poner el pato y echar en la salsa una de las pieles de naranja rallada fina. Tapar la cazuela y cocer.

Adornar con rodajas finas de naranja, cocidas un poco en el jugo.

• Conejo al alioli

INGREDIENTES Y PREPARACIÓN

Cortar el conejo a trozos y lavarlo, sazonarlo y dejarlo escurrir.

Poner manteca de cerdo en una cazuela y dorar el conejo.

Preparar una taza de alioli e incorporar a la cazuela. Revolver bien para que coja gusto y echar un poco de caldo o agua.

Tiene que hervir un buen rato, despacito, para que quede bien tierno.

Pies de cerdo con nabos

INGREDIENTES Y PREPARACIÓN

Una vez limpios y pelados cocer en dos trozos, con sal (bien cocidos, que queden bien blanditos).

Sacar el hueso grueso, escurrir y pasar por harina.

Freír con bastante aceite.

Hacer un sofrito con bastante cebolla y tomate y echarlo por encima de los pies. Cubrir con el caldo de cocerlo. Poner a fuego lento ½ hora.

Partir los nabos tiernos en 4 trozos largos y hervirlos con sal. Echar la mitad del agua de hervir los nabos en los pies.

Pasar los nabos por harina y freírlos.

Cuando la salsa de los pies va ya espesando, añadir los nabos y la picada de piñones, almendras, ajo frito, *moixernons*, una yema y el aceite y el perejil, sin que llegue a hervir.

Pies de cerdo
a la mostaza

INGREDIENTES Y PREPARACIÓN

Limpiar y cocer bien los pies de cerdo.

Ponerlos en una fuente para el horno cubiertos de mostaza.

Tienen que cocer unos 20 minutos.

Pies de cerdo al horno

INGREDIENTES Y PREPARACIÓN

Limpiar y cocer bien los pies de cerdo.

Una vez los pies bien cocidos se ponen en una fuente de horno.

En un plato mezclar aceite, salsa de tomate, ajo y perejil. Echar por encima.

Meter en el horno y dejar cocer.

Pies de cerdo con bocas o cigalas

INGREDIENTES Y PREPARACIÓN

Cocer los pies con 1 cebolla, 1 zanahoria, 1 cabeza de ajos, apio, una hoja de laurel, sal y pimienta.

En una cazuela poner el tomate triturado, sin aceite, con las bocas, y que vaya cociendo poco a poco.

Hacer una picada con almendras, perejil y pan tostado.

Cuando el tomate se haya bebido el agua, echar la picada y cocer 5 minutos. Luego añadir el caldo de cocer los pies y que hierva un poco más.

Incoporar los pies con más caldo.

Cocer ½ hora.

Pies de cerdo de Camallera

INGREDIENTES Y PREPARACIÓN

Se cuecen bien limpios los pies, que queden muy blanditos, se dejan enfriar un poco y se deshuesan.

Poner mantequilla a derretir en una sartén, con trocitos de jamón y pasar los pies por la sartén, dando unas vueltas; añadir un puñadito de pan rallado con ajo y perejil picados mezclado. Dar unas vueltas y agregar 2 cucharaditas de tomate frito y 2 guindillas pequeñitas (al gusto, son buenos picantitos). Echar un chorro del caldo de cocerlos.

Poner al horno fuerte, durante 10 minutos, a gratinar.

Buñuelos de seso

INGREDIENTES Y PREPARACIÓN

Cocer unos sesos de cordero, bien limpios en agua con un chorrito de vinagre y sal. Escurrirlos.

Hacer una pasta con cerveza y harina, una puntita de levadura Royal, sal y clara de huevo batida a punto casi de nieve.

Echar los sesos en trocitos en la pasta que se quiera (debe ser un poco espesita).

Con una cuchara, ir echando el seso con pasta en una sartén con abundante aceite y dorar.

Mi suegra los ponía en el entremés.

Huevos con foie estilo Luis

INGREDIENTES *(una persona)*

1 patata «canabenc», 1 huevo de payés, 1 pedacito de foie gras, una reducción de Módena, 1 taza (de las de café) de vinagre de Módena, aceite de oliva y sal cristalizada.

PREPARACIÓN

Cortar la patata a láminas, lo más finas posible.

Dejar el foie gras a temperar.

Reducir el vinagre de Módena en un cazo de Tefal o similar a fuego muy lento, hasta que prácticamente se evapore y coja un gusto dulzón. Se reactiva a fuego vivo, con unas gotas de agua, en el momento de servir, revolviéndolo continuamente.

En una sartén de hierro pequeña, calentar el aceite y poner las patatas a fuego vivo. Cuando están doradas de una cara se les da la vuelta con la ayuda de una espátula. Añadir un poco de sal.

A continuación echar el huevo en la sartén, como si de un huevo frito se tratase. Cuando está cocido al gusto, se sirve en un plato. Se coloca enseguida el foie gras sobre la clara, para que coja la temperatura.

Regar con la reducción de Módena y añadir los cristales de sal sobre el huevo (que no se ha salado anteriormente).

Servir recién hecho.

• Foie de pato fresco

INGREDIENTES Y PREPARACIÓN

Cortar el foie en rodajas finas, igual de gruesas todas.

Poner la plancha bien caliente, darles vuelta y vuelta y dejar enfriar.

En una sartén, reducir jugo de carne, añadir coñac y oporto o jerez dulce, y dejar reducir.

Agregar trufa en láminas, piñones pasados por la sartén con un poco de aceite (dorar) y pasas de Corinto.

Acompañar de rodajas de manzana ácida pasada por la sartén con mantequilla (dorada).

Lomo embuchado

INGREDIENTES Y PREPARACIÓN

Comprar un lomo de cerdo y partirlo en 4 trozos. Reservar en la nevera, en un escurridor, con un poco de sal (que saquen el jugo).

Preparar en un plato 3 o 4 puñados de pimienta negra buena, recién molida, y mezclarla con un puñado de sal. Rebozar los lomo, apretando y sin dejar ningún resquicio, que quede todo rebozado.

Meter el lomo en una malla, atarlo y dejar unos días en la nevera, en la rejilla (atarlo bien); luego, colgarlo en un sitio fresco, que no entren moscas.

Al cabo de dos meses, más o menos, está curado. Debe hacerse en enero.

Butifarras picantes

INGREDIENTES Y PREPARACIÓN

Si se quieren hacer las butifarras picantes, comprar carne picada de cerdo de payés, de la parte del lomo que se llama grasa, y mezclarla con sal y pimienta recién molida. Probar de vez en cuando la pasta, si gusta más o menos picante. Meter en tripas que se compran en la carnicería. Embutir la carne picada con embudo. Atar y guardar en la nevera, pinchándolas un poco para que pierdan el aire.

Algunos consejos

Si queréis hacer las croquetas sin huevo, también son muy buenas rebozadas con la masa hecha de harina y agua, un poco espesa. Quedan muy crujientes.

La carne rebozada gana mucho si antes de pasarla por el huevo batido se hace una picada de ajo y perejil. Con la misma mano del mortero, se pinta los trozos de carne por ambos lados.

Para hacer la carne rebozada es mejor si se pone un rato antes a remojar en leche.

• Tortillas rellenas

INGREDIENTES Y PREPARACIÓN

Hacer unas tortillas tipo francesa, planas, sin enrollarlas.

Poner dentro un poco de puré de patata, mezclado con un poco de mantequilla y leche, que quede fino.

Enrollar la tortilla y poner encima salsa de tomate con ajo y perejil.

Gratinar un momento.

• Tortillas en salsa

INGREDIENTES Y PREPARACIÓN

Hacer un sofrito con cebolla picada y tomate.

Mientras, se hacen unas tortillitas con ajo y perejil picado, pan rallado y un chorrito de agua y huevo batido.

Cortar las tortillas a trozos y echar en la salsa. Se le añade jamón picadito y patatas fritas a cuadraditos.

Mezclar todo y cocer, echando un chorro de agua con vino blanco.

• Tortilla de harina

INGREDIENTES Y PREPARACIÓN

Poner en un plato hondo un vasito de agua. Echar la harina, que quede una masa ni muy espesa ni muy clara. Añadir las claras de 3 o 4 huevos, batir bien y echar sal.

Poner en la sartén un poco de aceite y echar la masa; con ayuda de un plato llano darle la vuelta con cuidado y volver a cocer; así tres o 4 veces.

Sazonar ligeramente por cada lado, pues esta tortilla siempre suele quedar un poco sosa.

• Tortilla de Jueves Lardero

INGREDIENTES Y PREPARACIÓN

Se baten los huevos y se echan unas rodajas de butifarra picante y unas de butifarra negra.

Poner la sartén a calentar con un poco de aceite y hacer la tortilla.

Tortilla de patata y cebolla

INGREDIENTES Y PREPARACIÓN

Cortar y lavar las patatas y las cebollas muy finas. Escurrirlas.

Freírlas en aceite de oliva y dorarlas, pero que queden blanditas. Escurrir bien.

Batir los huevos, mezclar con la patata y la cebolla y hacer la tortilla.

El secreto de la tortilla de patata, o patata y cebolla, es cortar las patatas o la cebolla bien finas y al dorarlas que queden blanditas.

• Tortilla de alcachofa

INGREDIENTES Y PREPARACIÓN

Partir, limpiar y cortar en rodajitas las alcachofas.

Poner a freír y echar un chorrito de agua y acabar de hacer.

Batir los huevos, añadir las alcachofas y hacer la tortilla.

La misma fórmula está exquisita con pimiento rojo o cebolla.

PESCADOS

• Pescado al horno
La abuela lo preparaba así

INGREDIENTES

Mero, merluza, rape, cualquier pescado entero acompañado de unos calamares en rodajas y unas almejas o unas gambitas...

PREPARACIÓN

En la fuente que se va a poner en el horno se echa aceite y se pone 1 cebolla y 1 pimiento (de los largos y delgados) todo cortado en juliana. Se fríe poco a poco, bien doradido.

Se coloca el pescado con sal encima del sofrito, en el centro y rodeado de las rodajitas de calamar. En un plato hondo se echa un chorro de aceite, 5 o 6 cucharadas de tomate frito, una buena picada de ajo y perejil, zumo de limón y un chorrito de vino blanco. Esto se mezcla bien y se echa encima del pescado.

Meter en el horno unos 10 o 15 minutos. Antes de sacarlo se le añaden las gambitas, las almejas y miga de pan bien fina. De vez en cuando se va rociando por encima, echando con una cucharada el caldo que suelta y unos trocitos de mantequilla por encima. Se saca cuando todavía hay jugo, pero no demasiado caldoso más o menos de $1/2$ a 1 hora.

Lubina al vapor

INGREDIENTES Y PREPARACIÓN

Poner sal en la lubina entera y colocar una rejilla en una cazuela con la lubina encima y en el fondo agua con unos trozos de cebolla, perejil y tomate. Cocer tapada, por cada lado, unos 10 minutos. Sacar.

Preparar una salsa holandesa de esta forma: poner en un cazo al fuego 3 cucharadas de vinagre y un poco de pimienta. Hervir que reduzca la mitad y apartar. Poner una cazuela con agua al fuego (ancha para que quepa el cazo), ponerlo al baño maría, y echar poco a poco trocitos de mantequilla; remover, echar de vez en cuando unas gotitas de agua fría y las 3 yemas y batir. Los trozos de mantequilla se añaden de uno en uno, para que no se corte; hasta que no está disuelto uno no se echa el otro. Así hasta que engorde la salsa. Si se pone aceitosa, que se va a cortar, retirarla, batir bien y añadir una cucharadita de agua fría. Volver a poner a cocer al baño maría. En el momento de servir, se le añade nata montada.

La lubina así es muy fina y si tienes invitados queda muy bien. Se acompaña con patatitas al vapor.

Pastel de atún

INGREDIENTES

4 latas de atún, 4 huevos duros, 4 cucharadas de tomate concentrado, 4 rebanadas de pan mojadas en leche, sal, pimienta y nuez moscada.

PREPARACIÓN

Se tritura todo con la batidora.

Untar un recipiente con mantequilla y ponerlo al baño maría durante 1 a 1 ½ hora. Sacar y enfriar.

Cubrir de mayonesa y huevo duro rallado.

• Zarzuela de pescado

INGREDIENTES

De $^1/_2$ a 1 kg de pescado: escórpora, merluza, mero, rape..., que sea variado.

PREPARACIÓN

Dos langostas pequeñas o 12 gambas. Quitar las cabezas a las langostas y partirlas por la mitad. Freír por los dos lados, añadir una copita de vino blanco y dejar que suelten el jugo. Si son gambas, hacerlas enteras.

Hacer un sofrito de cebolla fina y tomate, añadir una copita de vino blanco y dejar cocer un ratito.

Cocer en caldo corto, un vaso de agua y un vaso de vino blanco y las cabezas de los pescados, dejar reducir y reservar.

Freír los pescados en rodajas enharinadas, colocarlas en una cazuela de barro y echar el caldo de pescado, el caldo de cocer las cabezas de langosta y el sofrito.

Poner a cocer todo y añadir una picada hecha con la batidora: una rebanadita de pan frito, ajos, perejil y 8 o 10 almendras, con 2 ramitas de azafrán tostado. Triturar con un poco de caldo del pescado y mezclar bien.

Poner antes de servirlo 10 minutos al horno fuerte.

• Pulpitos

Me acuerdo que la abuela de mi marido los hacía para su marido (la "costumbre" de dar a los hombres lo mejor). Yo recuerdo que los miraba con ganas de comerlos hasta que un día dije que yo también los quería comer.

INGREDIENTES Y PREPARACIÓN

Se ponen (bien pequeñitos) en una sartén con un chorrito de aceite, tapados y poco a poco, ya sazonados, que suelten todo su jugo, seguir cociendo hasta que se consuma.

Acompañar de alioli con huevo.

También son buenos salteados, cuando han consumido el jugo, con una picada de ajo y perejil.

• Salmón marinado al vinagre de jerez

INGREDIENTES

1 salmón fresco sin espinas (200 g por persona), 1 litro de aceite de maíz, 1 litro de zumo de limón, perejil, cebollino y menta (todo picado bien fino), 1 litro de vinagre de jerez, sal y pimienta.

PREPARACIÓN

Se corta muy fino el salmón y se ponen escalonadas las rodajas en capas y el resto de los ingredientes mezclados.

Poner en la nevera un mínimo de 12 horas, hasta que se note el salmón hecho.

• Caldereta de langosta con arroz

(4 personas)

INGREDIENTES

2 langostas pequeñas, 4 cigalas, 4 gambas, $\frac{1}{2}$ kg de calamar en rodajas, 2 pimientos verdes, 4 cucharadas de tomate, 4 tacitas de arroz, 6 dientes de ajo, caldo de pescado, 5 o 6 almendras, 5 o 6 avellanas, 10 o 12 piñones, un poquito de pan rallado o galleta.

PREPARACIÓN

Poner el aceite en la sartén y echar los pimientos picaditos. Cocerlos poco a poco, hasta que estén dorados; añadir 4 dientes de ajo, también picaditos. Cuando esté todo bien dorado, añadir 4 cucharadas de tomate rallado, sin pepitas ni piel. Cocer bien durante 5 o 6 minutos, y añadir el calamar a rodajas. Cocer 10 minutos más. Echar 3 litros de *fumet* (caldo de pescado). Añadir un poco de alioli cortado (ajolio). Cuando hierva, echar las langostas a trozos, las cigalas y las gambas (tiene que estar hirviendo, pues sino la langosta se vacía). Cocer unos 10 minutos. Antes de echar la picada, retirar el caldo necesario para hacer el arroz (para 4 personas: 4 tacitas de arroz y 8 o 9 de caldo). Entonces, echar la picada: las almendras, las avellanas, los piñones y el pan rallado o galleta, disuelta con un poco de caldo. Cocer 10 minutos todo junto. El caldo que se había separado, ponerlo en la cazuela y, cuando hierva echar el arroz. Servir las dos cosas, arroz y caldereta, por separado.

• Langosta asada

INGREDIENTES Y PREPARACIÓN

Partir la langosta viva por la mitad, de arriba abajo, de la cabeza a la cola (se hace viva pues si no se vacía).

Pasarla por la sartén, vuelta y vuelta, con unas gotas de aceite, que se dore un poco.

Meter en el horno a 200 °C, durante 10 minutos.

Echar por encima un chorro de aceite (en el que se habrá macerado una trufa a trocitos).

Acompañar de verduras frescas.

• *Suquet* a la crema de cangrejos

(4 personas)

INGREDIENTES

1 kg de tomate maduro, 4 kg de cebollas, 5 cabezas de ajos, un manojito de perejil, ½ kg de cangrejos, 1 litro de nata líquida, sal.

PREPARACIÓN

Se fríen en cazuelas diferentes. Primero, las cebollas y, aparte, los tomates, los cangrejos y los ajos y el perejil. En segundo lugar, cuando esté todo sofrito, incorporarlo todo a la cazuela de las cebollas y dejarlo cocer, que se mezcle bien, dándole vueltas; cuando haya cocido ½ hora, pasarlo por el chino y luego triturar con la batidora. Esta salsa nos servirá para hacer el *fumet*.

También suelo tenerla congelada, para hacer paellas. Con unas 2 o 3 cucharadas, el sofrito queda muy bueno.

En tercer lugar, se cogen unas 6 cucharadas soperas de salsa por persona y se ponen en la paellera donde se va a hacer el *fumet*. Seguidamente, se vierte la nata líquida, se mezcla bien en la salsa y se coloca el pescado que hemos escogido (rodaballo, merluza, lenguado...), se le añade la sal y se deja reducir un poco, moviendo la paellera para que no se pegue. Seguidamente, se pone al horno, previamente calentado a 250 °C, durante unos 20 minutos.

• Suquet con salsa de anchoas

(4 personas)

INGREDIENTES

4 lenguados de 400 g cada uno, $\frac{1}{2}$ litro de salsa de la anterior receta, 50 g de espinacas hervidas, 1 litro de nata líquida, 12 anchoas salada, un poco de sal.

PREPARACIÓN

Primero poner la salsa americana, las espinacas, las 12 anchoas y $\frac{1}{2}$ l de la nata en un vaso para batirlo con la batidora, bien mezclado.

En segundo lugar, verter esta mezcla en una paellera que quepan los 4 lenguados, añadir la nata restante y mezclarlo bien.

Luego se colocan los lenguados, se prueba para ver como está de sal, ya que las anchoas son saladas.

Poner al horno, previamente calentado a 250 °C, durante 20 minutos.

Suquet al ajo

(4 personas)

INGREDIENTES

1 kg de turbó (rodaballo en 4 trozos), 4 trozos de rape, 12 almejas, 1 kg de patatas, 6 dientes de ajo laminados, ½ litro de salsa americana (anterior receta), ½ litro de caldo de pescado, 1 cucharada sopera de harina, 150 g de alioli aguado, aceite de oliva, sal y pimienta.

PREPARACIÓN

Poner los ajos laminados en la paellera con aceite de oliva y dorarlos.

Seguidamente, poner la cucharada de harina, tostar un poco y añadir ½ litro de caldo de pescado. Luego poner la salsa americana, remover bien y colocar las patatas cortadas y laminadas en la paellera.

Poner encima el pescado, salpimentar y echar el caldo de la misma paellera por encima.

Finalmente, echar el alioli aguado encima del pescado y poner al horno, previamente calentado a 250 °C, durante 30 minutos.

Suquet de pescado
(4 personas)

INGREDIENTES

½ kg de escórpora, ½ kg de rape, ½ kg de lluerna, 1 kg de patatas, 1 cabeza de ajo, 1 pimiento verde, sal al gusto, 4 cucharadas de aceite de oliva, 1 tomate rallado, 2 cucharadas soperas de harina.

PREPARACIÓN

En una cazuela, primero freír los ajos, el pimiento y el tomate.

En segundo lugar, poner las patatas con las dos cucharadas de harina, removerlo bien y a continuación echar el caldo de pescado hasta cubrir las patatas (15 minutos).

Cuando empiece a hervir poner el pescado y cubrir con ½ litro de alioli, que habremos preparado previamente. Hervir 3 minutos. Servir.

Raya al alioli

INGREDIENTES

1 kg de raya limpia (pelada), 2 kg de patatas, $\frac{1}{2}$ kg de alioli, sal al gusto.

PREPARACIÓN

Preparar todo en crudo. En una cazuela poner los 2 ki-los de patatas, la raya troceada. Cubrirlo de agua, sazonar y cocer hasta que las patatas estén hechas. Quitar un poco de caldo y echarlo al alioli, remover y ponerlo encima de la raya y las patatas.

Anchoas con arroz

INGREDIENTES

1 kg de anchoas frescas, $\frac{1}{2}$ kg de arroz, 1 pimiento ver-de, 1 cabeza de ajos, 2 o 3 cucharadas soperas de zumo de tomate.

PREPARACIÓN

Preparar todo en crudo. En una cazuela con aceite de oliva, poner los ajos laminados, 2 o 3 cucharadas sope-ras de zumo de tomate $\frac{1}{2}$ kg de arroz. Poner las anchoas sin tripas ni cabeza. Poner el pimiento verde cortado a trozos, luego la sal necesaria y cubrir con agua.

Hervir durante 20 minutos, moviendo la cazuela en ro-tación, sin remover el interior.

Anchoas con huevo duro

INGREDIENTES Y PREPARACIÓN

Cocer dos huevos duros y poner las anchoas un rato a desalar. Sacar las yemas de los huevos, poner en el mortero ajo y perejil cortaditos y las yemas. Picarlo bien. Añadir un chorro de aceite y vinagre, mezclar bien y echarlo encima de las anchoas.

Adornar con las claras de los huevos cortadas en rodajitas, poniéndolas alrededor.

Cigalas con pollo

INGREDIENTES Y PREPARACIÓN

En una cazuela de barro, se pone el pollo a trozos con aceite de oliva. Una vez sofrito, se añaden las gambas y cigalas y se cuece de 10 a 15 minutos.

Se sacan de la cazuela y en el mismo aceite se sofríe la cebolla finamente cortada, el tomate y el ajo, con un chorro de coñac. Quemar y echar el pollo, las gambas y las cigalas.

Se echa un poco de agua y se deja cocer a fuego lento $\frac{1}{2}$ hora; cuando falta 10 minutos para acabar se añade la picada hecha con ajo, perejil, 3 galletas, 6 almendras y una porción de chocolate negro rallado.

• Merluza a la sidra

INGREDIENTES Y PREPARACIÓN

Se parte en rodajas y se sala la merluza.

En una cazuela de barro, se pone aceite y se echan 3 dientes de ajo y perejil. Cuando esté dorado, se echa la merluza y se fríe, luego se añaden 12 cucharadas de tomate frito, 2 gambas, 2 almejas y una guindilla por persona y sidra.

Tiene que cocer, tapado, durante 10 minutos.

• Cigalas a la brasa

INGREDIENTES Y PREPARACIÓN

Partirlas por la mitad, a lo largo, poner alioli y dar dos vueltas para gratinar en la brasa o en el horno.

• Lubina cocida

INGREDIENTES Y PREPARACIÓN

Poner en aceite mucha cebolla cortada en juliana, muy fina, y colocar encima la lubina, sazonada a trozos. Añadir un chorro de vino blanco y cocer $\frac{1}{2}$ hora en el horno.

• San Pedro

INGREDIENTES Y PREPARACIÓN

Hervir el pescado que guste al vapor.

Preparar una salsa con aceite, cebolla picada fina, bien frita, se le añade el vino blanco, un chorro de nata líquida y una cucharada de tomate frito.

Cocer 5 minutos para reducir.

• Rape en salsa

INGREDIENTES Y PREPARACIÓN

Poner en una cazuela de barro abundante cebolla cortada en juliana, freír bien y luego echar un puñadito de pan rallado. Antes de que se pegue poner ajos, perejil picado, un poquito de pimentón (picante o no, a gusto) y un vasito de vino blanco.

Echar el rape a rodajas y añadir unas gambas y almejas. Cocer 5 minutos.

Si queda poco jugo, añadir un poco de caldo de pescado.

Langosta camuflada

Una cola de rape de 1 kg o dos colas de ½ kg. Se abre por la mitad y se le quita la espina del centro.

Se frotan los trozos con vinagre, sal y se untan de pimentón dulce.

Se envuelven en un paño blanco, se atan y se ponen a cocer en el agua donde anteriormente se ha cocido marisco. Se hace la víspera. Sacarlo del caldo y reservar éste.

Al día siguiente, en frío, se corta en rodajas, se pone en el centro de una fuente y se adorna con lechuga bien picadita, huevos moldeados sobre tartalitas de hojaldre, mejillones y mariscos y unas ramitas de perejil.

Encima del rape se pone mayonesa en la que se ha echado un poco del caldo de cocerla.

• Merluza rosa

INGREDIENTES Y PREPARACIÓN

Después de limpiar una cola de 1 kg se sazona y se mete en la hornera. Se fríe un pocillo y medio de aceite con un ajo. Sacar el ajo y echar el aceite sobre la merluza.

Meter en el horno.

Una vez hecha la merluza, preparar una salsa bechamel con 30 g de mantequilla, 1 cucharada de harina y medio cuarto de leche. Se le añade una tacita de tomate cocido.

Echar esta salsa sobre la merluza y cocer 10 minutos más, en el horno.

Sacar la merluza y colocarla en una fuente. Pasar la salsa por el chino y echarla encima.

Acompañar de puntas de espárragos, puestos alrededor.

Calamares rellenos

INGREDIENTES Y PREPARACIÓN

Se fríen las patas en trocitos, con jamón, huevo duro y un poco de cebolla picada; se le añade un poquito de harina.

Se hace una pasta con todo esto y se rellenan las bolsas, cerrando con un palillo. Se rebozan de harina y se fríen.

Se hace un sofrito de cebolla, tomate y un chorrito de vino blanco. Se agregan los calamares y se cuecen en la olla exprés 5 minutos.

También, una vez rellenos se les puede poner en su tinta. Con fondo de aceite y bastante cebolla fina, se echan los calamares y cuando están un poco hechos, se incorporan el tomate cocido y las tintas.

• Calamares a la romana

(4 personas)

INGREDIENTES Y PREPARACIÓN

Se ponen 800 g de harina en un cuenco, luego se le añaden 100 cc de cerveza, una botella de $\frac{1}{2}$ litro de agua con gas o $\frac{1}{2}$ litro de sifón y una pizca de colorante (tiene que quedar espeso), mezclar con la varilla.

Los calamares, cuanto más grandes, mejor. Se cortan en aros de 1 cm, se mezclan con harina, se sacuden un poquito y se meten en la pasta.

Se fríen en aceite abundante, bien caliente, uno a uno. Cuando estén dorados, sacarlos y ponerlos en un papel absorbente.

• Cigalas al whisky

INGREDIENTES Y PREPARACIÓN

Se les pone abundante sal y pimienta y se fríen.

Luego se les echa un chorro de whisky y se flamea.

• Lenguado «fino»

INGREDIENTES Y PREPARACIÓN

Lenguados de 250 a 300 g, los que se necesiten. Quitar la piel oscura y, una vez limpios, colocar en la fuente de gratinar.

Espolvorear con pan rallado muy fino y perejil muy picado, y añadir, por cada lenguado, el zumo de $\frac{1}{2}$ limón y una cucharada sopera de aceite de oliva. Poner al horno fuerte, de 10 a 15 minutos, rociando de vez en cuando con el jugo.

Cuando está a punto, se añaden un par de almejas bien lavadas y sin abrir. Cuando éstas se hayan abierto y soltado su jugo, se da una última pasada de éste sobre los lenguados y ya están listos.

Bacalao al ajo arriero

De mi madre

INGREDIENTES Y PREPARACIÓN

Cortar las patatas largas, como para patatas fritas, y se fríen.

Freír abundante cebolla fina y echarla en la cazuela de barro. Desleír el bacalao (desalado) sin espinas ni piel. Freírlo con la cebolla. Añadir una picada de 7 u 8 dientes de ajo, dar unas vueltas, añadir las patatas, cocer y dar más vueltas.

Batir un huevo y mezclarlo; dar un par de vueltas y servir. Probar de sal.

Suquet de bacalao

INGREDIENTES Y PREPARACIÓN

Se hace un sofrito bien hecho de cebolla y tomate y se le añaden unas gambas, cigalas y almejas.

Los trozos de bacalao se enharinan, se fríen y se ponen en el sofrito con el aceite.

Hacer una picada de almendras, ajo, perejil y la yema de un huevo duro. Echarlo en el guiso y cocer $\frac{1}{2}$ hora lentamente, moviendo la cazuela.

• Bacalao

De mi abuela

INGREDIENTES

500 g de bacalao, 1 lata pequeña de tomate, 1 diente de
ajo picado, ½ vaso de vino blanco, 2 huevos, 1 cebolla
picada fina, ½ hojita de laurel, 2 ramitas de perejil,
1 guindilla, harina, aceite.

PREPARACIÓN

Al bacalao remojado (desalado) se le quita la piel y las
espinas. La pieles se reservan. Rebozar en harina y huevo batido y freír. Colocar en una cazuela.

En el aceite de freírlo, se prepara una salsa con cebolla
frita y guindilla, ½ hojita de laurel y tomate.

En un cazo aparte se pone el ajo, el perejil y la piel de
bacalao. Se agrega el vino y se hierve 5 minutos, para
que las pieles suelten la gelatina.

Se cuela el caldo sobre la salsa de tomate, se mezcla bien,
se vierte sobre el bacalao y se mete al horno.

Adornar con patatas fritas.

• Bacalao sencillo Vizcaína

De mi abuela

INGREDIENTES Y PREPARACIÓN

Se tiene en remojo, durante 24 horas, 1 kg de bacalao, cambiando el agua 3 veces.

Se coloca en una cazuela, cubriéndolo de agua, se pone a fuego moderado y cuando empieza a hervir se retira; ya en frío se limpia de espinas.

Se pone después el bacalao limpio en una cazuela. Colocar una capa con el bacalao con la piel hacia arriba y otra hacia abajo, alternando.

Se ponen aparte, en remojo durante 24 horas, nueve pimientos encarnados secos; se les cambia el agua y se ponen a calentar a fuego moderado, sin que lleguen a hervir.

En una sartén, se pone $\frac{1}{2}$ cuarto de aceite con dos trocitos de pan. Se retira y se fríe una cebolla grande a trocitos; cuando está dorada y frita se le añaden los pimientos, se les dan dos vueltas, se echa el pan frito y todo se pasa por el colador chino. Echar sobre el bacalao agregando $\frac{1}{2}$ cucharadita de azúcar.

A continuación se pone a fuego moderado 1 $\frac{1}{2}$ hora, moviendo constantemente la cazuela para que espese.

• Bacalao al pil pil

De mi abuela

INGREDIENTES Y PREPARACIÓN

Se parte el bacalao a trozos, no muy grandes, y se ponen a remojar durante 24 horas en agua tibia.

Poner el bacalao en la cazuela de barro bien colocado. En una sartén se fríen 8 dientes de ajo en abundante aceite y cuando están ya un poquito dorados se echa todo (aceite y ajos) sobre el bacalao y enseguida un poco de agua fría, lo justo para que lo cubra.

Se pone a fuego vivo, moviéndolo para que no se pegue, agitándolo para que espese la salsa. Enseguida se pone a fuego lento, moviendo de vez en cuando hasta que esté hecho.

• Bacalao con guisantes y huevo duro

INGREDIENTES Y PREPARACIÓN

Poner a cocer guisantes (un paquete si son congelados).

Coger bacalao desalado (2 trozos por persona), enharinarlo y freírlo. Sacar el bacalao del aceite y freír en éste una cebolla fina grande. Cuando esté blandita, echar unos trocitos de jamón, que se fría, luego 3 o 4 tomates maduros rallados y, cuando está bien hecho, poco a poco echar una picada de ajo y perejil, un chorro de vino blanco, el bacalao y los guisantes.

Para hacer este guiso es mejor cazuela de barro.

Cocer aparte unos huevos duros, pelarlos y cortarlos a lo largo en cuatro trozos o gajos. Pasarlos por harina y dorarlos en la sartén, con un poco de aceite. Añadirlos al guiso.

Echar un poquito de caldo de cocer los guisantes y moviendo la cazuela cocer unos 20 minutos, que espese un poco.

• Croquetas de marisco

INGREDIENTES Y PREPARACIÓN

En un cazo con un vaso de agua y un vaso de vino blanco cocer 250 g, de cangrejos y 250 g de cigalas durante 10 minutos. Retirar. Escurrir, guardando el jugo. Pelar las cigalas y guardar las colas. Las cabezas, los cangrejos y el caldo, pasarlo por el chino.

Poner mantequilla en una sartén con unos trocitos de jamón y trufa. Darles unas vueltas, para que se doren, y sacarlos.

Poner una cebolla pequeña rallada bien fina y que se dore; echar las colas cortaditas (ya peladas), añadir 2 cucharadas de harina colmadas y mezclar, que cueza un poco.

Añadir el caldo, pasado por el chino de cocerlo. Echar un chorro de crema de leche, que tiene que quedar espesita. Probar de sal y echar un poco de pimienta negra.

Dejar enfriar y luego hacer las croquetas y rebozarlas con huevo batido y pan rallado. Freír en abundante aceite, que queden un poco doraditas, pero no demasiado.

Algunos consejos

Siempre tengo fumet *congelado (caldo de pescados de roca bien variados y cangrejos) y salsa congelada, que explico en la receta del "Suquet de cangrejos", pues luego ayuda mucho tenerla siempre a punto.*

POSTRES, DULCES Y BEBIDAS

• Amelados de Maella

INGREDIENTES

12 claras de huevo, 1 kg de azúcar, 1 kg de almendra cortada fileteada.

PREPARACIÓN

Batir las claras a punto de nieve.

Añadir a mano la almendra.

Poner en moldes para magdalenas y hornear sin vapor, a baja temperatura, unos 15 minutos.

Estos son muy buenos y sirven para aprovechar cuando se tienen abundantes claras.

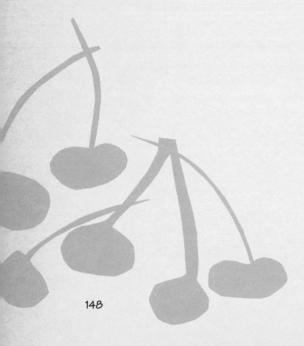

• Arroz con leche

(8 personas)

Generalmente, en las recetas se cuece el arroz, se lava y se cambia la leche. A mí, particularmente me gusta más no cambiar la leche, puesto que se pierde el almidón, que es lo que hace el jugo espesito y blanco del arroz.

INGREDIENTES

1 $\frac{1}{2}$ litro de leche, 2 vasos (de los de vino) de arroz, 2 vasos (de los de vino) de azúcar, 1 $\frac{1}{2}$ vara de canela en rama, corteza de limón.

PREPARACIÓN

Se pone a hervir a fuego lento el arroz con la corteza de limón y la canela.

Cuando el arroz está a punto, se retira la corteza de limón y la canela.

Se le añade el azúcar, removiendo continuamente, durante unos 4 o 6 minutos.

• Babá al ron de Toulouse

INGREDIENTES

3 huevos, 2 cucharadas soperas de azúcar en polvo, 1 taza (de las de té) de harina, no muy llena, 1 paquete de levadura Royal, una nuez de mantequilla, 1 cucharada de mermelada de naranja, molde de babá que lleva un agujero en el centro y es hondo.

PREPARACIÓN

En una terrina, mezclar las yemas de huevo con el azúcar. Añadir la harina, luego las claras a punto de nieve fuerte, levadura, mantequilla ablandada y la mermelada. Trabajar un momento la mezcla y ponerla en un molde previamente untado con mantequilla.

Cocer a fuego lento, 20 minutos aproximadamente.

Verificar si está cocido con una aguja de hacer media. Si ésta sale seca, ya está.

Sacarla del molde ponerla en una fuente y embeber con el jarabe que a continuación explico.

Jarabe: Poner en una cacerola 150 g de azúcar con 3 vasos de agua y dejar espesar. Añadir una tacita de café de ron y retirar del fuego.

Echar sobre el babá caliente el jarabe también caliente.

Se decora con frutas confitadas y el centro, al quedar un agujero, se puede llenar de nata o crema.

Para confeccionar este babá se tarda una hora aproximadamente. Es muy bueno para invitados.

• Babaroá de Elena

INGREDIENTES

3 hojas de cola de pescado, 4 yemas de huevos, 4 cucharadas de azúcar, el zumo de 2 limones, el zumo de 4 naranjas.

PREPARACIÓN

Se pone en remojo la cola de pescado, en agua fría, durante 5 minutos.

En una cazuela se ponen a hervir 2 cucharadas de agua y se echa la cola de pescado, sin agua. Se remueve con el fuego apagado, y se le añaden las 4 cucharadas de azúcar. Si la cola de pescado no se ha deshecho del todo, se calienta un poco más, sin hervir.

Anteriormente se han exprimido los limones y las naranjas y se mezcla todo.

Se pone en un molde, pasándolo por un colador y se coloca en la nevera.

Se hace el día anterior. En verano es un postre muy refrescante.

• Bizcochada abuelita

INGREDIENTES

1 taza de nata (de hervir la leche), 1 taza de azúcar, 1 taza colmada de harina, 3 cucharaditas de Royal, 3 yemas, 3 claras a punto de nieve.

PREPARACIÓN

Mezclar todos los ingredientes y, al final, las claras.

Poner la mezcla en un molde untado de mantequilla.

Meter en el horno, hasta que se despegue a unos 150 °C.

Es riquísimo para desayunar.

Mi abuela siempre tenía en la despensa y siempre apetecía un trocito.

• Bizcochada tía Louisi

INGREDIENTES

1 taza de nata (de hervir la leche), 250 g de azúcar, 4 huevos, 1 paquete de levadura, un chorrito de Pernod o ron para perfumar.

PREPARACIÓN

Mezclar bien todos los ingredientes al final agregar las claras a punto de nieve.

Poner la mezcla en un molde untado de mantequilla y meterlo en el horno, a fuego medio, durante 35 minutos.

Dejar cocer hasta que se despegue. Comprobar si está cocido con la aguja de hacer media.

Cocerlo en un molde largo, como para *cake,* queda muy bien.

Acompañar con una crema suave o crema de limón.

Este postre es muy fino y queda muy bien cortado.

Bizcocho de tía Victoria

INGREDIENTES

2 huevos bien batidos, 8 cucharadas de azúcar, 1 sobre de vainilla, 1 chorrito de Pernod, 110 g de harina, 1 tacita de nata o en su falta crema de leche espesa.

PREPARACIÓN

Mezclar todos los ingredientes.

Preparar un molde untado con mantequilla, echar la mezcla y ponerlo al horno durante 15 minutos, hasta que esté cocido.

También puede acompañarse de crema. Es muy fino.

Bizcocho de malta

INGREDIENTES

2 huevos, 200 g de azúcar, 250 g de harina, 1 paquete de levadura, 2 tazas (de las de té) de malta, 1 bolita de mantequilla.

PREPARACIÓN

Echar en un recipiente el azúcar y las yemas, mezclar y añadir la nata, todo bien mezclado. Echar la harina, mezclada con la levadura. Añadir las claras a punto de nieve fuerte.

Preparar un molde untado de mantequilla y echar la mezcla.

Cocerlo de 1 a 1½ hora aproximadamente, a horno medio.

Bizcocho de Cointreau

INGREDIENTES

JARABE

100 g de azúcar, ½ litro de agua, 3 cucharadas de Cointreau.

BIZCOCHO

100 g de harina, 3 huevos, 100 g de azúcar, 100 g de mantequilla, ½ ralladura de limón, 4 cucharadas de Cointreau, 2 cucharaditas de Royal, 3 g de canela molida, 2 cucharaditas de azúcar glacé.

PREPARACIÓN

Se mezcla la harina y la levadura.

Se separan las yemas de las claras (que habremos montado a punto de nieve, añadiéndole una cucharadita de azúcar glacé). Las yemas se baten muy ligeramente.

Se coloca la mantequilla en una cacerola, cerca del fuego, para que se ablande. Luego se separa del fuego y se añaden 100 g de azúcar. Remover bien.

Cuando ya parezca una crema, se añaden las yemas, la harina con la levadura y, finalmente, una cucharada de Cointreau. Por último, las claras a punto de nieve.

Preparar el molde, engrasándolo con mantequilla y espolvoreándolo con harina.

Poner a cocer, alisando la superficie una $\frac{1}{2}$ hora más o menos. Comprobar con la aguja si está cocido. Sacarlo y enfriarlo encima de una rejilla.

Echar el almíbar, que quede impregnado poco a poco.

Espolvorear con una polvera el azúcar glacé y la canela.

Este bizcocho es buenísimo y creo que gana (pues empalaga) poniendo la mitad del azúcar.

• Borracho de limón

INGREDIENTES

250 g de margarina, 250 g de azúcar, $\frac{1}{2}$ ralladura de limón, 350 g de harina, 1 sobre de Royal, 5 huevos, el zumo de 3 limones, 150 g de azúcar.

PREPARACIÓN

Se mezcla la margarina y el azúcar y se le añade la ralladura de $\frac{1}{2}$ limón. Luego se añade la harina, el sobre de Royal y los huevos enteros.

Todo bien mezclado se pone en un molde engrasado al horno moderado 150 °C.

Se hace un almíbar con el zumo de los limones y 150 g de azúcar.

Se parte el bizcocho por la mitad y se embadurna con el almíbar por los dos lados.

• Bizcocho al champán

INGREDIENTES

4 huevos, 1 vaso de aceite, 2 vasos de azúcar, 3 vasos de harina, 1 paquete de azúcar de vainilla, 1 paquete de Royal, 1 vaso de champán Blanc de Blancs.

PREPARACIÓN

En un bol, echar las yemas y el azúcar, y trabajar hasta que quede blanco y doble el volumen (es muy importante).

Añadir el aceite, el champán, la harina y la levadura (mezclado).

Batir las claras a punto de nieve y mezclar con cuidado, de arriba abajo, para que no baje.

Poner la mezcla en un molde, untado de mantequilla, a fuego medio, durante 45 minutos.

Es un bizcocho finísimo, que puedes acompañar y mojar con unas gotitas de champán.

• Bizcocho fallado

INGREDIENTES

350 g de azúcar en polvo, 250 g de harina, 100 g de mantequilla, 6 huevos, 15 g de levadura en polvo, $\frac{1}{2}$ vaso de ron, un poco de vainilla.

PREPARACIÓN

Disolver la mantequilla al baño maría.

Poner las yemas en un bol y batirlas con el azúcar. Echar el ron, la harina (mezclada previamente con la levadura) en forma de lluvia, la mantequilla derretida y mezclar bien.

Añadir las claras montadas.

Poner toda la mezcla en un molde engrasado al horno durante más o menos $\frac{1}{2}$ hora.

• Bizcocho en llamas

INGREDIENTES

1 lámina de bizcocho de 2 cm (hacerlo como el que explico de mi madre), 1 bloque de helado de café, 1 vasito de *whisky Dyc*, 6 claras de huevo, 200 g de azúcar.

PREPARACIÓN

Colocar el bizcocho en una fuente para el horno.

Mojarlo con un poco de whisky, poner encima el helado y cubrir con las claras a punto de nieve, mezcladas con el azúcar y batidas 5 minutos más.

Poner el horno fuerte por arriba, meter el bizcocho y dorarlo.

Al sacarlo y servirlo, rociar por encima el whisky, prender fuego y servirlo ardiendo.

Queda muy bonito presentarlo encendido.

Bizcocho relleno de crema de Julia de Vilademat

INGREDIENTES

PARA EL FLAN

5 huevos enteros, 1 yema, $\frac{1}{2}$ l de leche, $\frac{1}{2}$ ramita de canela, una cáscara de limón, 75 g de azúcar para el caramelo, 125 g de azúcar.

PARA EL BIZCOCHO

1 huevo entero, 2 yemas, 90 g de azúcar, 100 g de harina, 1 cucharada de levadura Royal, cáscara de limón rallada, vainilla, 3 claras de huevo.

PREPARACIÓN

Poner el azúcar quemado en un molde y cubrir todo el fondo.

Para el flan, poner la leche, la canela y el limón al fuego hasta que arranque a hervir.

En un bol, poner los huevos enteros y la yema, junto con el azúcar. Mezclarlo bien y echar la leche caliente.

Echarlo encima del azúcar caramelizado.

Para el bizcocho, mezclar bien las yemas de huevo, el huevo entero y el azúcar.

Una vez bien mezclado, echar la harina, la levadura Royal y la ralladura de limón, batir las tres claras a punto de nieve y con cuidado mezclarlas a lo anterior.

A continuación, echarlo encima de la mezcla del flan.

Ponerlo a cocer al baño maría, en el horno, a 110 °C, entre 35 y 40 minutos

Desmontarlo casi frío.

Brazo de gitano de Maella

INGREDIENTES

6 yemas, 6 cucharadas de harina y 6 cucharadas de azúcar.

RELLENO

300 g de azúcar, 300 g de almendra, 1 huevo.

PREPARACIÓN

Mezclar todos los ingredientes y añadir las claras a punto de nieve.

Extender la pasta en un papel de estraza, con un grosor de 1 cm.

Meter en el horno medio. En cuanto que se dore, sacarla.

Repartir el relleno por encima de la masa y enrollar el bizcocho.

Gana mucho si se echa por encima un almíbar de azúcar y Cointreau hecho con un vasito de agua, 100 g de azúcar y 4 cucharadas de Cointreau bien empapado.

Mi madre hacía el mismo bizcocho, relleno de crema pastelera o nata y espolvoreado con azúcar glacé.

• Buñuelos

INGREDIENTES

12 huevos, 2 kg de harina, 200 g de levadura de pan disuelta en $\frac{1}{2}$ de litro de leche templada, $\frac{1}{2}$ litro de leche, 1 Potax, 2 litines, 2 sobres dobles de gaseosa, ralladura de 3 limones, 2 cucharadas Royal, 180 g de matafaluga en grano, 50 g de matafaluga molida, 1 vaso de rasolí, 1.800 g de azúcar, 1 tubo de azúcar de vainilla, una pizca de sal, 100 g de mantequilla.

PREPARACIÓN

Trabajar la mantequilla hasta que se ablande y mezclar todos los ingredientes. Cuando la pasta esté bien trabajada, seguir un rato, levantándola para que se airee.

Dejar reposar la pasta, tapada, en un sitio caliente, hasta que doble el volumen.

Poner aceite (mejor de girasol) en una cazuela de barro al fuego, freír una corteza de limón y luego quitarla.

Coger montoncitos de masa (con los dedos untados previamente con aceite para que no se peguen) y echarlos en la cazuela (no demasiados), sin que el aceite esté demasiado caliente.

Cambiar si es preciso de vez en cuando el aceite, para que no queden negros.

Sacarlos, escurrirlos y rebozarlos con azúcar.

Buñuelos de la Quimeta

INGREDIENTES

1 kg de harina, 400 g de azúcar, $\frac{1}{2}$ litro de leche, 6 huevos, 1 limón por kg, 1 tubo de vainilla, 50 g de levadura de París, 1 paquete de litines, 30 mg de magnesia por kg, 50 g de matafaluga, 100 g de mantequilla, 100 g de grasa, 1 paquete de Royal, un poco de sal, 300 g de piñones chafados.

PREPARACIÓN

Proceder como la receta anterior.

Buñuelos de matafaluga

Suegra de Carmen

INGREDIENTES

$\frac{1}{2}$ pastilla de levadura de París, $\frac{1}{2}$ litro de *rasolí*, 1 bote pequeño de leche condensada, 80 g de matafaluga en grano, 50 g de matafaluga en polvo, 2 docenas de huevos, $\frac{1}{2}$ kg de azúcar, 6 tubos de vainilla, 2 paquetes de Royal, 1 cucharada de magnesia, un poco de sal, 3 limones rallados, 3 o 4 kg de harina.

PREPARACIÓN

Proceder como en las recetas anteriores.

Buñuelos Núria

INGREDIENTES

3 kg de harina, 18 huevos, $\frac{1}{2}$ kg de azúcar, 1 bote grande de leche condensada, 8 limones rallados, 4 tubos de
vainilla, 150 g de matafaluga, 30 g de canela en polvo,
3 sobres de Royal, 1 cucharada de sal, 200 g de levadura
de pan, 1 paquete de mantequilla grande, 2 cucharadas
de manteca de cerdo, $\frac{1}{2}$ de rasolí, 1 vaso de leche.

PREPARACIÓN

Trabajarlo todo como en las otras recetas.

Dejar de 5 a 6 horas en reposo la pasta, para que suba el
doble.

Bizcocho de limón

INGREDIENTES

1 yogur, 2 huevos, 1 limón, 6 cucharadas de harina con 1 cucharada de levadura, 4 cucharadas de azúcar, 2 cucharadas de aceite.

PREPARACIÓN

Batir los huevos con el azúcar, hasta que quede cremoso. Añadir el yogur, aceite, ralladura de limón y harina con levadura. Mezclarlo bien.

Ponerlo en el molde, untado con mantequilla y espolvoreado con harina.

Meterlo en el horno a temperatura suave, hasta que esté cocido.

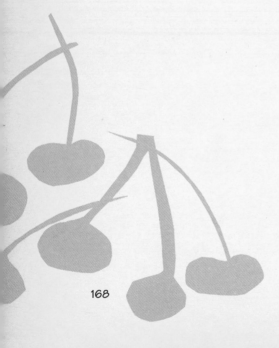

• Cañas rellenas de crema

Va muy bien tener las cañas. Esto se consigue cortando una caña de río en trocitos de 20 cm más o menos. Se lavan y luego se fríen en aceite que queden doradas. Así siempre se tiene los moldes.

INGREDIENTES

PASTA

1 taza de vino dulce rancio, 1 taza de agua, 1 taza de aceite, harina (la que admita).

PREPARACIÓN

Todo esto se pone a hervir. Se deja enfriar.

Se va añadiendo harina, poco a poco, dándole vueltas hasta que queda una pasta fina que se pueda enrollar en las cañas.

Se rellenan de crema pastelera antes de rebozarlas de azúcar y canela.

Se fríen y se sacan de las cañas pasándolas por un plato con azúcar y canela.

Cuando yo era pequeña me encantaban. También se pueden rellenar de chocolate mezclado con nata.

Cake de pasas

INGREDIENTES

125 g de azúcar, 125 g de margarina, 3 yemas de huevo, 200 g de harina con un paquete de levadura mezclado, 1 vaso de leche, 3 claras batidas a punto de nieve fuerte, pasas maceradas en ron, $\frac{1}{2}$ vaso de ron de macerar las pasas.

PREPARACIÓN

Mezclar todos los ingredientes.

Poner en un molde engrasado y cocer al horno a temperatura moderada durante 35 minutos.

• Coca de anís y piñones

INGREDIENTES

200 g de harina mezclada con 5 cucharadas de levadura Royal, 200 g de azúcar, 2 yemas, $\frac{1}{2}$ vaso de leche, $\frac{1}{2}$ vaso de aceite, $\frac{1}{2}$ vaso de anís, 1 ralladura de limón, 2 claras a punto de nieve.

PREPARACIÓN

Mezclar todo en un bol, echando al final las claras a punto de nieve.

Meterlo en un molde engrasado al horno.

Cuando aún no esté duro, esparcir por encima piñones.

Es muy buena si la haces doble. Queda mejor pues gruesa es más coca. Acompañada de un buen vino dulce queda muy bien.

• Coca de chicharros

INGREDIENTES

$^{1}/_{2}$ kg de chicharrones, $^{1}/_{2}$ kg de masa de pan, 30 g de levadura de París, 2 huevos, $^{1}/_{2}$ kg de azúcar, ralladura de 1 limón.

PREPARACIÓN

Mezclar la levadura, ya disuelta en agua templada, con la harina. Luego mezclar todo y poner la masa en una placa engrasada.

Meterlo en el horno durante 20 minutos.

Esta coca la hacía muy buena un panadero de Camallera que ya murió.

Coca Montserrat

INGREDIENTES

400 g de harina, 400 g de azúcar, 3 huevos, $\frac{1}{2}$ litro de leche, 1 cucharadita de bicarbonato, un poco de manteca de cerdo (1 cucharada), la ralladura de 1 limón.

PREPARACIÓN

Mezclar todos los ingredientes.

Poner la masa resultante en un molde previamente engrasado con manteca de cerdo.

Meter en el horno hasta que esté cocida.

Coca de yogur

INGREDIENTES

160 g de harina, 200 g de azúcar, 1 paquete de Royal, 3 huevos, 6 cucharadas de aceite, 1 yogur natural, 1 limón rallado

PREPARACIÓN

Mezclar todos los ingredientes.

Ponerlo en un molde engrasado con mantequilla.

Meter en el horno durante unos 30 minutos, más o menos.

Crema

Esta crema es la que yo hago, sea como postre con un poco de canela, sea con unas galletas «María» encima y claras a punto de nieve con un poco de azúcar. También con azúcar quemado (crema catalana).

INGREDIENTES Y PREPARACIÓN

Se mezclan 8 yemas con 6 cucharadas de azúcar y 3 cucharadas de almidón en polvo.

Se añade poco a poco 1 litro de leche, corteza de limón y $\frac{1}{2}$ vaina de vainilla.

Se pone a cocer hasta que espesa.

Crema de limón

INGREDIENTES Y PREPARACIÓN

Batir 2 huevos con 8 cucharadas de azúcar, el zumo de 4 limones, la ralladura de 2 limones y 2 cucharadas de maizena.

Bien mezclado, añadir $\frac{1}{2}$ litro de agua.

Cocer al baño maría durante 5 minutos.

• Crema de limón al yogur

INGREDIENTES

1 bote de leche condensada, el zumo de 4 limones, 2 ralladuras de limón, 8 yogures, $\frac{1}{2}$ kg de nata.

PREPARACIÓN

Mezclar con la batidora y tomar bien fresco.

• Crema a la corteza de limón

INGREDIENTES

1 litro de agua, 4 huevos, 4 cucharadas de maizena, 2 tazas de azúcar, el zumo de 4 limones, ralladura de 2 limones.

PREPARACIÓN

Triturar, batir, colar y hervir hasta que quede espesita.

Conchas de bizcocho

INGREDIENTES

3 huevos, 100 g de azúcar, 100 g de harina, 50 g de chocolate amargo en polvo, 100 g de mantequilla, 6 almendras picadas, $\frac{1}{2}$ cucharada de ron.

PREPARACIÓN

En un bol grande, se baten los huevos con el azúcar.

Seguidamente, se añade poco a poco la harina, la levadura, el chocolate y la mantequilla fundida.

A continuación, se engrasan los moldes y se espolvorean con almendra picada.

Se vierte encima la pasta y se ponen en el horno.

Una vez cocidas se sacan, se rocían con ron, se desmoldan y adornan con almendras.

Para hacerlas blancas se sustituye el chocolate por ralladura de limón.

Flan casero de huevo

INGREDIENTES

$\frac{1}{2}$ litro de leche, $\frac{1}{2}$ litro de crema de leche, 4 huevos, 1 yema, 100 g de azúcar, $\frac{1}{2}$ limón, canela y vainilla en rama.

PREPARACIÓN

Batir los huevos.

Poner al fuego con la corteza de limón, canela y vainilla, (media rama de cada) y la leche. Hervir, colar y dejar enfriar un poco.

Mezclar todo con los huevos batidos en la batidora, echando también el azúcar.

Tener preparados los moldes con antelación. Yo tengo una sartén vieja en la que pongo 4 cucharadas de azúcar, una de agua y un chorrito de jugo de limón. Ponerlo en el fuego y dejar caramelizar. Cuando está de color dorado, ir echando un poquito en cada moldes.

Echar la crema cuando el caramelo esté frío.

Poner agua en una fuente, que llegue a la mitad de altura. Poner los moldes y meter en el horno hasta que estén cocidos. Al moverlos se nota.

• Flan de claras

INGREDIENTES

6 cucharadas colmadas de azúcar, 6 cucharadas rasas de azúcar, 2 yemas, azúcar, maizena, ½ litro de leche.

PREPARACIÓN

Se baten las claras bien duras y se añaden las cucharadas rasas de azúcar.

Las cucharadas colmadas de azúcar se ponen con un vaso de agua al fuego y se hace caramelo. Cuando está hecho, se tira rápidamente encima de las claras.

Se pone esto en un molde caramelizado y al horno al baño maría; primero a temperatura fuerte y luego floja, durante 20 minutos.

Sacar y tapar con un paño. Dejar enfriar y desmoldar. Se cubre con natillas.

La natilla se hace con las 2 yemas de huevo, 1 cucharadita de maizena , ½ litro de leche y 3 o 4 cucharadas rasas de azúcar.

Cuando está hecho se añade azúcar quemado, se cuela y se pone encima.

• Galletas de nata

INGREDIENTES

200 g de harina, 80 g de azúcar, 4 yemas, 1 cucharadita colmada de levadura Royal, un pellizco de sal, 1 vaso de nata.

PREPARACIÓN

Hacer un círculo con la harina encima del mármol y echar el azúcar, las 3 yemas, la levadura y la sal. Mezclar bien y trabajar la masa.

Estirar la pasta y con un vasito pequeño de licor hacer las pastitas, de 1 cm de grosor.

Untar la fuente con mantequilla y pintar las galletas con una yema mezclada con un poco de agua. Se unta un pincel y se pintan por encima.

Colocarlas en la fuente y dorar al horno unos 10 minutos, más o menos.

• Galletas finas de nata

INGREDIENTES

1 vaso de nata, 1 vaso de azúcar, 1 cucharadita de bicarbonato, harina (la que admita).

PREPARACIÓN

Mezclar todo, echando poco a poco la harina, hasta que la masa se despegue de las manos. Estirarla bien fina con un rodillo. Con un vaso hacer pastas redondas.

Poner en una fuente engrasada al horno, aproximadamente 10 minutos.

• Galletas crujientes

INGREDIENTES

1 vaso de nata, 1 vaso de azúcar, 2 huevos batidos (guardar un poquito para pintarlas), 1 cucharadita de levadura Royal, harina (la que admita).

PREPARACIÓN

Proceder como en la receta anterior.

Para todas estas galletas, es mucho mejor poder conseguir la nata de hervir la leche, salen muchísimo mejores. En su defecto, podéis utilizar nata espesa (crema de leche) o mantequilla buena.

• Galletas brillantes

INGREDIENTES

3 yemas, 1 tazón de nata, 4 cucharadas de azúcar, 4 cucharadas de harina colmadas, levadura Royal.

PREPARACIÓN

Batir las claras a punto de nieve, con una cucharadita de levadura Royal y una puntita de bicarbonato (mezclados con la harina).

La pasta no ha de quedar dura, sólo que se pueda despegar un poco. Las galletas se cortan redonditas (con un vasito por ejemplo) y se rebozan de huevo batido y azúcar.

Meter en el horno precalentado a 180 ºC, hasta que se doren.

Pastas muy buenas

INGREDIENTES

250 g de nata o mantequilla, 250 g de azúcar, 3 cucharadas de azúcar de vainilla, 375 g de harina, 2 o 3 cucharadas de leche, 100 g de azúcar grueso.

PREPARACIÓN

Trocear la mantequilla y ponerla en un bol. Añadir el
azúcar y azúcar de vainilla, la harina y el agua, hasta que
quede una masa homogénea.

Dividir la pasta en 2 partes iguales y formar con cada
una un cilindro de unos 4 cm de diámetro.

Envolver cada uno por separado, en papel de aluminio,
y poner en la nevera. Deben dejarse en reposo 12 horas
como mínimo.

Precalentar el horno a 180 °C. Engrasar la placa del horno y cubrirla con papel sulfurizado o albal.

Sacar uno de los cilindros de la nevera. Echar el azúcar
grueso en un plato llano y rebozar el cilindro de masa,
presionando un poco para que no se desprenda el azúcar.

Con un cuchillo fino y afilado, cortar el cilindro en rodajas de ½ cm de grosor, con mucho cuidado de no rom-
perlas.

Poner las pastas en la placa. Cocerlas en el horno (coloca-
das en medio) de 12 a 18 minutos, que queden doraditas.

Sacar y poner en la rejilla para que se enfríen. Repetir
con el otro cilindro.

Galletas de coco

INGREDIENTES

200 g de coco en polvo, 150 g de azúcar molido, 2 huevos enteros, un poco de azúcar de vainilla, 1 yema de huevo.

PREPARACIÓN

Se mezclan todos los ingredientes y se deja reposar la pasta durante ½ hora. Después, con las manos, se hacen pelotitas que se aplanan con el tenedor.

Poner al horno templado, sin que se doren demasiado.

Frumbull

INGREDIENTES

6 manzanas reinetas grandes, 240 g de harina, 1 paquete de azúcar de vainilla, 150 g de azúcar, 125 g de mantequilla, una pizca de sal.

PREPARACIÓN

Poner en el molde las manzanas cortadas en rodajas gruesas. Espolvorear con azúcar de vainilla.

Trabajar los otros ingredientes, para hacer una pasta granulosa.

Cubrir las manzanas con esta pasta y cocer durante 30 minutos (termostato 7 o 8).

• Frombo

200 g de azúcar, 2 huevos enteros, ½ vaina de vainilla.

PREPARACIÓN

Poner los huevos, la harina y el azúcar en un bol.

Hervir la leche con la vainilla, echar la leche hirviendo en el bol y mezclar.

Poner en el fuego 5 minutos.

Mientras, batir la pasta, que debe quedar bien fina y lisa.

Engrasar un molde, poner la pasta y meter en el horno bien fuerte durante 30 minutos.

Desmoldar.

Gelatina de moras

INGREDIENTES Y PREPARACIÓN

Lavar las moras y ponerlas en un pote, al fuego para que saquen el jugo.

Luego ponerlas en un colador, encima de un bol, removiendo de vez en cuando.

Recoger el jugo que han soltando y echar la misma cantidad de jugo que de azúcar. Hervir 3 minutos.

• Mantecados de Maella

(Zaragoza)

INGREDIENTES

1 kg de manteca de cerdo, 1 kg de azúcar, 2 kg de harina, 10 huevos, 2 yemas.

PREPARACIÓN

Mezclar bien todos los ingredientes.

Laminar con un rodillo de madera (1 cm de grosor).

Cortar piezas redondas de 5 cm de diámetro.

Mojarlos con huevo batido, pasar por azúcar y poner en el horno a 180 °C.

Acordándome de mi niñez (me encantaban), le pedí la receta al panadero de mi pueblo, Maella.

• Manzanas rellenas asadas

INGREDIENTES Y PREPARACIÓN

Se lavan y se les quita el corazón a 6 manzanas reinetas.

Se meten en el horno.

Ya asadas, se rellenan de crema pastelera mezclada con trocitos de nueces, y se cubren de lo mismo.

• Naranjas con miel y nueces

INGREDIENTES Y PREPARACIÓN

Un postre socorrido para quedar bien.

Pelar 6 naranjas, partirlas en lonchas finas y ponerlas en una fuente plana, cubiertas con un poco de miel (untadas).

Echar ½ kg de nata montada y 200 g de nueces troceadas por encima.

• Leche frita

INGREDIENTES

4 yemas, $\frac{1}{2}$ l de leche, 3 cucharadas de maizena o almidón (mejor aún), ralladura de limón, 25 g de azúcar.

PREPARACIÓN

Mezclar todos los ingredientes y ponerlos en un cazo a fuego lento. Cuando espese retirar del fuego.

Mojar una fuente y echar la crema. Dejar enfriar.

Luego cortarla a cuadraditos y rebozar en harina y huevo batido.

Freír en aceite de girasol, doraditos, y sacar.

Rebozar en azúcar mezclado con canela en polvo.

Con esta receta, siempre sale perfecta.

• Pastel con crema

INGREDIENTES

6 yemas, 6 cucharadas de azúcar, 6 cucharadas de harina, 6 claras a punto de nieve, 1 cucharadita de levadura Royal.

PREPARACIÓN

Mezclar y poner en un molde con papel engrasado.

Sacar y partir el pastel por la mitad. Emborrachar con un chorrito de coñac y rellenarlo con crema pastelera en medio. Cubrir también de crema y adornar con almendras, nueces o frutas.

También se puede sustituir la crema por nata.

Pastel de galletas

INGREDIENTES

500 g de galletas María, 250 g de mantequilla, 100 g de almendras tostadas, 200 g de azúcar, 6 huevos.

PREPARACIÓN

Trabajar la mantequilla hasta que quede como una crema. Después, se añade el azúcar hasta que quede fundido, se añaden las yemas y una tacita de concentrado de café.

En otro cazo, se pone al fuego $\frac{1}{2}$ pastilla de chocolate negro con una tacita de leche, que cueza y se deja enfriar (que quede bien espeso, si no se le añade almidón, aunque con esta cantidad debe quedar espeso).

Se montan las claras a punto de nieve fuerte.

Cuando el chocolate esté frío, se añade a las claras.

Se colocan en una bandeja las galletas María, haciendo como una base redonda de galletas. Se coloca encima una capa de crema, otra capa de galletas y así sucesivamente.

Luego se cubre todo con la mezcla de las claras con chocolate y se espolvorea bien de almendra a grumos gordos.

Meter en la nevera. (Hacerla la víspera.)

• Mirvillas

INGREDIENTES

250 g de harina, 2 huevos, 50 g de maizena, $\frac{1}{2}$ paquete de levadura Royal, 1 cucharada de azúcar, ron, ralladura de limón.

PREPARACIÓN

Hacer una pasta con todos los ingredientes, formar una bola, y dejar reposar una hora.

Extender la pasta con el rodillo, que quede fina, y hacer tiras de 2 o 3 cm de grueso y 10 o 15 cm de largas.

Dorar en la sartén con aceite y rebozarlas de azúcar.

Se puede tomar frío o caliente. Se mantienen varios días.

• Pastel de naranja

INGREDIENTES

4 huevos, 125 g de azúcar, 125 g de harina, 1 cucharadita de levadura Royal, mantequilla.

PARA LA CREMA

2 huevos, 1 cucharada de maizena, $\frac{1}{2}$ de litro zumo de naranja, 40 g de azúcar.

PARA EL ALMÍBAR CRUDO

150 cc de zumo de naranja, 60 g de azúcar, 3 cucharadas de Cointreau.

PARA EL ALMÍBAR COCIDO

200 g de azúcar, zumo de naranja y agua hasta completar $\frac{1}{2}$ litro, rojadas de naranja cruda finas.

PREPARACIÓN

En un bol batir los huevos y el azúcar, hasta obtener una crema esponjosa.

Añadir la harina con la levadura, poco a poco. Mezclarlo todo bien.

Engrasar un molde de 24 cm, cubrir con papel semi vegetal y untar también con mantequilla.

Volcar la crema y cocerlo al horno a 190 °C, durante 30 minutos. Sacarlo del molde.

Preparar la crema mezclando los dos huevos y el azúcar. Trabajarlo bien, echar la maizena y seguir mezclando. Incorporar el zumo de naranja.

Ponerlo al fuego hasta que arranque a hervir.

Mezclar los ingredientes del almíbar crudo y reservarlo. Poner a cocer los ingredientes del almíbar cocido, durante 5 minutos, a fuego medio.

Echar las rodajas de naranja y cocer poco más de 5 minutos. Sacar del fuego y dejarlo reposar 5 minutos.

Cortar el bizcocho en pisos y emborrachar con el almíbar crudo, cubrirlo y echar la crema. Poner el segundo piso y así sucesivamente. Acabar de cubrir con crema y poner la naranja, pintando con almíbar crudo.

Pastel de piña

INGREDIENTES

125 g de azúcar, 125 g de harina, 125 g de mantequilla, 3 huevos, 1 cucharada de levadura Royal, piña.

PREPARACIÓN

Deshacer la mantequilla bien líquida y añadir el azúcar hasta que quede fino. Añadir la harina con la levadura, cubrir el molde con caramelo, colocar las rodajas de piña y echar encima la pasta.

Poner al horno durante 45 minutos.

Para el almíbar, cocer el jugo de piña con 200 g de azúcar.

Pastel de moka

INGREDIENTES

250 g de mantequilla, 1 huevo, 3 cucharadas de azúcar, 1 tacita de café, 300 g de bizcochos.

PREPARACIÓN

Se bate la mantequilla con la batidora, el huevo entero y el café.

Una vez batido, se colocan alrededor del molde los bizcochos sin puntas y derechos, y en la base. Luego a pisos, intercalando los bizcochos con la crema de café.

Pastel de coco

INGREDIENTES

100 g de coco, 100 g de mantequilla, 1 huevo, 3 cucharaditas colmadas de levadura Royal, 250 g de harina, ½ litro de leche, más o menos.

PREPARACIÓN

Se mezcla bien harina, azúcar, levadura y mantequilla.

En un vaso, se pone el huevo batido, la leche, el coco. Se mezcla bien.

Se une con lo anterior y se pone en el molde al horno.

Se tienen remojados 100 g de piñones en agua y se echan por encima.

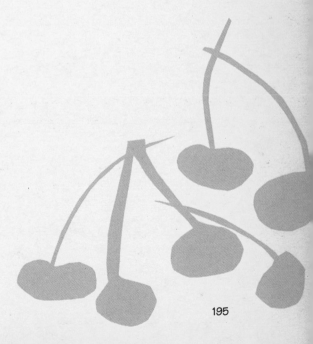

Pastel de limón

PASTA DE LA BASE

1 paquete de galletas, 80 g de mantequilla, 1 vasito de leche.

Una vez mezclado todo, poner en un molde.

RELLENO

1 bote de leche condensada (pequeño), 2 limones rallados, 3 yemas de huevo, 3 claras.

PREPARACIÓN

Mezclar todo, incoporando las claras a punto de nieve al final.

Poner encima de la base y cocerlo en el horno durante 15 minutos.

• Pastelitos de chocolate

INGREDIENTES

100 g de harina, 75 g de azúcar, 35 g de mantequilla, 35 g de manteca de cerdo, 1 cucharada de levadura Royal, 1 copita de Curaçao, 1 copita de leche, 2 huevos, 100 g de chocolate negro.

PREPARACIÓN

Poner todos los ingredientes: primero la harina, azúcar, mantequilla, manteca, levadura, las yemas, el Curaçao y la copita de leche. Mezclar.

Montar las claras a punto de nieve y mezclar con la masa.

Poner en moldes, llenando sólo la mitad, porque sube casi el doble.

Cocerlo a horno normal.

Deshacer el chocolate al baño maría.

Untar la superficie de los pastelitos con el chocolate y dejar enfriar.

• Rosquillas de mamá

INGREDIENTES

2 huevos, 1 tacita (de las de café) de anís, 1 tacita (de las de café) de aceite, la ralladura de un limón, 3 sobres dobles de gaseosa, 3 o 4 tacitas de azúcar.

PREPARACIÓN

Mezclar todo y poner harina, hasta que se despegue la masa de las manos.

Con las manos, moldear unos cordones de pasta y unir las puntas.

Poner aceite abundante en una sartén pequeña y freír una corteza de limón. Sacarla y freír las rosquillas, con el aceite no muy caliente, y no más de 3 a la vez.

Mi madre siempre hacía grandes fuentes de rosquillas porque eran buenas y económicas.

• Rosquillas de naranja

INGREDIENTES

MASA

100 g de azúcar, 200 g de manteca de cerdo, 400 g de harina, ralladura de 2 naranjas.

ALMÍBAR

200 g de azúcar, el zumo de 2 naranjas.

PREPARACIÓN

Mezclar los ingredientes para hacer la masa.

Hacer rosquillas un poco gruesas.

Ponerlas al horno a dorar.

Mientras tanto, en un cazo, hacer un almíbar con el zumo de las naranjas y el azúcar.

Rebozar las rosquillas en el almíbar.

• Rosquillas de nata

INGREDIENTES

Para un tazón de desayuno muy lleno de nata (de leche hervida)

8 cucharadas colmadas de azúcar, 1 cucharadita de levadura Royal, 2 huevos, harina a discreción, un poco de ralladura de limón.

PREPARACIÓN

Se bate la nata con el azúcar, las yemas, las claras a punto de nieve y ralladura de limón.

Se va añadiendo la harina que admita.

Hacer las rosquillas y freír.

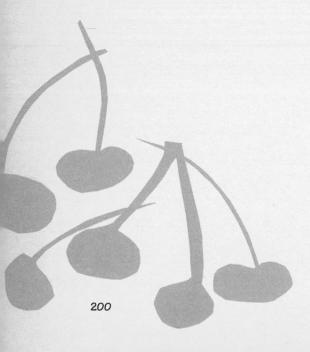

• Tarta de leche fresca

INGREDIENTES

400 g de nata líquida, 300 g de queso Philadelfia, 3 huevos, 100 g de azúcar, 1 paquete de galletas María, 75 g de mantequilla bien fundida.

PREPARACIÓN

Batir la nata, el queso, los huevos enteros y el azúcar.

Fundir la mantequilla.

Picar la galleta hasta que quede en polvo.

Juntar la mantequilla y la galleta y ponerlo en el molde, cubriendo la base y el borde.

Poner toda la mezcla que se ha batido anteriormente dentro del molde y hornear de 30 a 35 minutos.

Comprobar la textura, que esté cocido, pinchándolo.

Tarta de nueces y pasas

INGREDIENTES

100 g de pasas enharinadas, $\frac{1}{2}$ litro de leche, 350 g de harina, 200 g de azúcar, 1 paquete de levadura Royal, 100 g de nueces trituradas, un chorrito de anís, 1 huevo.

PREPARACIÓN

Mezclar todos los ingredientes.

Poner la mezcla en un molde engrasado durante 40 minutos al horno, a una temperatura de 180 °C.

Tarta de almendras

INGREDIENTES

125 g de almendras en polvo, 100 g de mantequilla, 60 g de azúcar en polvo, 3 huevos enteros, 50 g de harina, 1 cucharadita de esencia de almendras, ½ paquete de Royal, 30 g de mantequilla para engrasar el molde.

PREPARACIÓN

Ablandar la mantequilla, añadir el azúcar y batir hasta que la pasta blanquee.

Añadir, uno a uno, los huevos y en cada uno 2 cucharadas de almendra. Poner el resto de la almendra y la harina, mezclada con la levadura.

Engrasar el molde y ponerlo en el horno a 200 °C, durante 35 minutos.

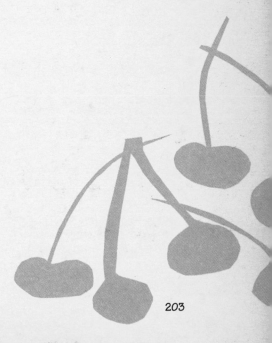

• Tarta de manzana

INGREDIENTES

50 g de harina, 50 g de azúcar, 50 g de mantequilla, 1 ½ cucharadita de levadura Royal, 1 huevo, manzanas.

PREPARACIÓN

Mezclar todos los ingredientes con la batidora, excepto la manzana, y ponerlo en un molde engrasado (va muy bien el que permite desmontar el fondo).

Poner la manzana, pelada y cortada fina, en remojo, con un chorro de coñac y azúcar.

Hacer una crema con ½ litro de leche, 2 huevos, 1 cucharada de maizena, 3 de azúcar, 1 corteza de limón y canela. Los dos últimos ingredientes cuando está hecha se sacan.

Cubrir la masa con la crema y encima disponer la manzana, bien colocada y abundante.

Cocer en el horno unos 20 o 30 minutos.

Tarta sencilla de frambuesa

INGREDIENTES

1 pasta de hojaldre (la venden hecha), frambuesas, 1 yema de huevo, 1 cucharada de azúcar, 1 copita de garnacha o moscatel.

PREPARACIÓN

Poner la pasta de hojaldre en un molde y pincharla con un palillo.

Poner encima una yema batida con una cucharada de azúcar, y una copita de garnacha o moscatel. Echar las frambuesas.

Meter en horno fuerte, a gratinar, un momento.

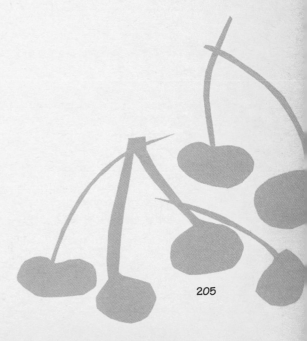

• Nevado de limón

INGREDIENTES

90 g de margarina, $\frac{1}{2}$ limón, 4 cucharadas soperas de agua tibia, 150 g de harina, 1 yema.

PREPARACIÓN

Mezclar bien todos los ingredientes hasta obtener una masa, y colocarla en un molde.

Preparar una crema con un huevo entero, el zumo de dos limones, la ralladura de $\frac{1}{2}$ limón, 100 g de azúcar y 40 g de margarina. Trabajarlo bien y rellenar la tarta.

Poner al horno, previamente calentado, sólo con el fuego de abajo.

Cuando la pasta esté cocida encender el horno superior, para dorar.

Se adorna con clara de huevo a punto de nieve, con una cucharada de azúcar mezclada.

• Torrijas

INGREDIENTES Y PREPARACIÓN

De un paquete de pan Bimbo, partir las rebanadas en diagonal, de manera que queden como triángulos.

Preparar un plato sopero con la leche hervida con una cucharada de azúcar, corteza de limón y canela en rama.

Batir un huevo.

Coger los triángulos de pan, uno a uno, y untarlos rápidamente con leche, (tiene que ser vuelta y vuelta, muy poco, pues se deshace).

Luego untar el pan con de huevo batido.

Freír con aceite de girasol, dorar y poner a escurrir.

En un plato, mezclar azúcar y canela en polvo. Pasarlos por esta mezcla y dejar enfriar.

Yo las hago con pan de molde Bimbo y de verdad que quedan finísimas ¡Probadlas!

Kasutti
(4 personas)

INGREDIENTES

150 g de pera u otra fruta, pelada y partida a trocitos finos, 3 huevos, 75 g de azúcar, 60 g de harina, 50 g de crema de leche.

PREPARACIÓN

En un bol, mezclar huevos, azúcar, harina y vainilla. Luego añadir la crema de leche y la leche.

Untar un molde de mantequilla, poner la fruta y echar la mezcla.

Cocer de 15 a 20 minutos, que quede dorado.

• Tarta emborrachada

INGREDIENTES

6 huevos, 300 g de harina, 600 g de azúcar, 1 taza entera de leche, ralladura de limón, 1 tacita de Licor 43.

PREPARACIÓN

Mezclar todo con sólo 200 g de azúcar y 2 cucharaditas de levadura Royal.

Poner en un molde engrasado al horno.

Sacar cuando esté cocido.

Emborrachar de almíbar que se hace con los 400 g de azúcar restante, un vaso de agua y una tacita de licor 43.

Mermelada de albaricoque

INGREDIENTES

1kg de albaricoques (a poder ser de clase dura y color naranja), 800 g de azúcar.

PREPARACIÓN

Se lavan, se escurren y se saca el hueso de la fruta, dejando unos 6 huesos.

Ponerlo en un bol o barreño con el azúcar toda la noche (incluídos huesos).

Luego se pone a cocer a fuego rápido 20 minutos, se baja el fuego y se deja unos 20 minutos más, que quede de un color transparente y natural, como el albaricoque fresco.

Cuando esté frío, llenar los botes y poner un papel encima, mojado con ron.

Seguidamente tapar.

• Mermelada de membrillo y frambuesa

INGREDIENTES

$\frac{1}{2}$ kg de membrillo a trocitos, $\frac{1}{2}$ kg de frambuesas, 1 kg de azúcar.

PREPARACIÓN

Cocer con igual procedimiento que en la anterior receta. Es una mermelada exquisita.

Me la enseñaron unos alemanes hace bastantes años

Algunos consejos

Las claras de huevo quedan más finas si se les añade un poquito de bicarbonato.

Los bizcochos quedan mejor si se sustituye la mantequilla por nata casera.

Cóctel de champán

Para fiestas

INGREDIENTES

1 botella de champán
1 copa de Cointreau
1 copa de ron blanco
1 copa de marrasquino
1 copa de coñac
1 chorrito de granadina

PREPARACIÓN

Poner a macerar trocitos de frutas (melocotón en almíbar, naranja, plátano...) con el licor. Poner en un plato unas gotas de granadina y azúcar. Mojar los bordes de la copa. Poner el cóctel, adornar con una media rodaja de naranja y una ramita de menta.

Otra bebida muy refrescante es poner en una botella de champán, una cucharada de azúcar y 200 g de frambuesas y dejar macerar. Me lo enseñó un chef de un transatlántico.

• Una buena sangría

INGREDIENTES

1 copita de coñac
1 copita de Cointreau
1 copita de Grand Marnier
1 copita de moscatel
1 copita de ginebra
1 copita de ron
1 botella de vino tinto o blanco
Frutas: melocotón en almíbar, limón y naranja

PREPARACIÓN

Se ponen a macerar las frutas cortadas a trocitos con los licores. Luego se echa el vino. También es muy buena con champán.

• Licor de mora

INGREDIENTES Y PREPARACIÓN

Se ponen las moras crudas en un colador (encima de un bol) y se dejan unos 8 días, removiendo de vez en cuando.

El jugo que sueltan, con la misma cantidad de azúcar, se pone en una botella con unas gotas de alcohol.

Índice
de recetas

SOPAS

PATATAS

VEDURAS Y LEGUMBRES

PASTAS Y ARROCES

CARNES, AVES Y HUEVOS

PESCADOS

POSTRES, DULCES Y BEBIDAS